W0199325

John Banville

Spaziergänge durch Dublin

John Banville

Spaziergänge durch Dublin

Mit Fotos von Paul Joyce

Aus dem Englischen
von Christa Schuenke

Kiepenheuer
& Witsch

Für Harry Crosbie,
Träger des »Order of the British Empire«

Inhalt

DUBLIN 1991
DUBLIN 1991

1
Über Zeit

DUBLIN WAR NIE MEIN DUBLIN, was es nur umso reizvoller machte. Ich bin in Wexford geboren, einer kleinen Stadt, die zu jener Zeit noch kleiner und noch abgelegener war, im Abseits ihrer eigenen Vergangenheit. Mein Geburtstag fällt auf den achten Dezember, den Feiertag der Unbefleckten Empfängnis – für mich immer der Beleg dafür, wie lächerlich ungenau der Himmel sein kann und was für einen Pfusch er abliefert, wenn es um Geburtsdaten geht. Der Achte war sowohl ein kirchlicher als auch ein allgemeiner Feiertag – ein Tag, an dem die Leute aus der Provinz scharenweise in die Hauptstadt fuhren, um ihre Weihnachtseinkäufe zu erledigen und die weihnachtliche Festbeleuchtung zu bewundern. Und so bestand meine Geburtstagsüberraschung in der ersten Hälfte der Fünfziger über mehrere Jahre darin, dass wir mit der Bahn nach Dublin fuhren, worauf ich mich immer schon monatelang im Voraus freute – ja, es kommt mir tatsächlich so vor, als hätte ich mich jedes Mal, sobald der letzte Ausflug zu Ende war, schon wieder auf den nächsten im Jahr darauf gefreut.

Früh am Morgen fuhren wir bei winterlicher Dunkelheit vom Nordbahnhof der Stadt ab. Ich glaube, es gab damals noch Dampfzüge, obwohl Diesel bereits groß im Kommen war. Wie aufregend war es doch, noch ganz verschlafen durch die dunklen, menschenleeren Straßen zu gehen, vor mir all die Abenteuer eines langen Tages. Der Zug kam aus Rosslare Harbour und beförderte trübäugige Fahrgäste von der Nachtfähre aus Fishguard in Wales, wovon die eine Hälfte betrunken war, die andere noch gezeichnet von der eben überstandenen Seekrankheit. Dann ging es schnaufend los, das Fenster neben mir ein Spiegel aus schwarzem Glas, in dem ich mein bedrohlich verschattetes Abbild sah und mir vorstellte, ich wäre ein Agent in geheimer Mission, wie man die Spione in den Spionageromanen früher nannte, im Orientexpress, unterwegs zu einem Auftrag im finsteren, gefährlichen Osten.

Als wir irgendwo kurz vor Arklow waren, begann es hell zu werden, und das Weiß der mit Reif überzogenen Felder ging über in eine grell glitzernde Nuance von Glimmer-Pink.

Gewisse Augenblicke an gewissen Orten, beide scheinbar bedeutungslos, prägen sich dem Gedächtnis mit einer unfassbaren Lebhaftigkeit und Deutlichkeit ein – unfassbar, weil, so klar und so lebendig sie auch sind, dennoch der Verdacht aufkommt, sie müssten Erfindungen der eigenen Phantasie sein, wir hätten sie uns, kurz gesagt, nur ausgedacht. Woran ich mich bei diesen Dezemberfahrten noch erinnere oder überzeugt bin, dass ich mich daran erinnere, ist eine bestimmte Stelle, wo der Zug an der Biegung eines Flusses – der Fluss muss der Avoca gewesen sein – seine Fahrt verlangsamte; eine Stelle, die ich immer noch ganz deutlich vor meinem inneren Auge sehe und zu der ich in meinen Romanen wiederholt zurückgekehrt bin, zum Beispiel hier, in *Newtons Brief*:

> Auf der anderen Flussseite zog sich ein flaches Feld bis an den Rand eines bewaldeten Hügels, und am Fuße dieses Hügels stand ein Haus, nicht sonderlich groß, doch einsam und wuchtig mit steilem Dach. Ich starrte auf das stumme Haus und fragte mich voll nagender Neugier, welche Leben dort gelebt wurden. Wer schichtete das Brennholz, hängte die Stechpalmkränze auf, hinterließ Spuren im Raureif auf dem Hügel? Ich kann das seltsam schmerzliche Vergnügen eines solchen Augenblicks nicht schildern. Doch wusste ich natürlich, dass dieses verborgene Leben sich kaum von meinem unterscheiden würde. Darum aber ging es gerade. Mich interessierte nicht das Exotische, sondern das Gewöhnliche, dieses merkwürdigste und flüchtigste aller Rätsel.

Dublin war natürlich alles andere als gewöhnlich; Dublin war für mich, was Moskau für Irina in Tschechows *Drei Schwestern* war: ein magischer, verheißungsvoller Ort, nach dem sich meine darbende junge Seele endlos verzehrte. Ich war glücklicher dran als Irina, denn die Reise von Wexford nach Dublin war vergleichsweise kurz, und ich konnte sie beliebig oft unternehmen. Dass die Stadt selbst, das wirkliche Dublin, in den von Armut gezeichneten fünfziger Jahren überwiegend grau und ohne jede Anmut war, konnte meinem Traum von ihm nichts anhaben – und ich träumte sogar dann von dieser Stadt, wenn ich mich in ihr aufhielt, sodass sich die banale Wirklichkeit fortwährend in etwas Hochromantisches verwandelte; niemand könnte romantischer sein als ein kleiner Junge, was wohl kaum einer besser wusste als Robert Louis Stevenson.

• • • • •

Wann wird die Vergangenheit zur Vergangenheit? Wie viel Zeit muss vergehen, bevor das, was einfach bloß geschehen ist, auf diese mysteriöse, numinose Weise zu leuchten beginnt, die das Merkmal wirklichen Vergangenseins ist? Die prächtigen Bilder, die wir in der Erinnerung mit uns herumtragen, waren einmal einfach bloß die Gegenwart, fade und alltäglich und ganz und gar nicht bemerkenswert, außer in manchen Momenten, wenn man, sagen wir mal gerade frisch verliebt war oder im Lotto gewonnen oder der Arzt einem eine schlechte Nachricht mitgeteilt hatte. Was ist das für ein Zauber, der auf die Erfahrung einwirkt, sobald sie ins Laboratorium der Gegenwart überführt wird, um dort geformt und poliert zu werden, bis sie ihren vollendeten Glanz hat? Diese Fragen, die alle nur eine einzige Frage sind, faszinieren mich, seit ich als Kind zum ersten Mal die ungeheure Entdeckung machte, dass die Schöpfung nicht nur aus mir selbst bestand, samt allem, was zu mir gehörte – Mutter, Hunger, lieber trocken sein als nass –, sondern auf der einen Seite aus mir und auf der anderen Seite aus der *Welt*: der Welt der anderen Menschen, anderen Phänomene, anderen Dinge.

Sagen wir so: Die Gegenwart ist das, worin wir leben, die Vergangenheit hingegen das, worin wir träumen. Wenn sie jedoch ein Traum ist, dann einer mit Substanz, ein tragender. Die Vergangenheit gibt uns Auftrieb, wie ein Heißluftballon, der stillsteht und sich immer weiter ausdehnt.

Und doch, ich frage noch einmal: Was ist sie? Welche Verwandlung muss die Gegenwart durchmachen, damit sie zur Vergangenheit wird? Die Alchimie der Zeit, sie wirkt in einem hellen Abgrund.

• • • • •

Der Bahnhof Westland Row Station – erst Jahre später wurde daraus Pearse Station – bestand im Wesentlichen aus einer rußgeschwärzten gläsernen Kuppel, ein paar trostlosen Bahnsteigen und einer Rampe, die hinunterführte zur Straße. Heute kommt es mir so vor, als ob es jedes Jahr am achten Dezember regnete, wenn wir dort aus dem Zug stiegen. Aber das war nicht der strömende,

DEO · OPTIMO · MAXIMO · SUB · INVOC · B · ANDRE E · APOSTO

prasselnde Regen wie im Landesinneren, sondern eine ganz spezielle, großstädtische Variante, die Tropfen so fein und so durchdringend wie Neutrinos, diese Schauer, dieses Gewimmel von subatomaren oder sogar subsubatomaren Teilchen, die dich und mich und alle Dinge jeden Augenblick durchzucken. Das Pflaster wurde gar nicht richtig nass von diesem Regen, eher schmierig, sodass man vorsichtig laufen musste mit seinen glatten Ledersohlen.

Wandten wir uns draußen vor dem Bahnhof nach links zur Westland Row, dann sahen wir dort auch schon die Kirche St Andrew's vor uns aufragen, die in meinen Augen so ziemlich den eigenartigsten Standort in der ganzen Stadt hat: Wie mit der himmlischen Dampframme hineingequetscht, klemmt sie mitten in einer Zeile unscheinbarer, entschieden säkularer Häuser aus dem achtzehnten Jahrhundert. Mir kam der Bau immer ein bisschen verrückt vor mit diesen zwei übergroßen pseudokorinthischen Säulen, der mächtigen, durchaus nicht einladenden Pforte und dem mäßig steilen Dach, an dessen höchster Stelle eine Statue des heiligen Andreas, des älteren Bruders des berühmteren Petrus, steht und in Frustration erstarrt den Arm erhoben hält, als warnte er, von niemandem beachtet, vor einer nahenden Apokalypse.*

* In ihrem überaus hilfreichen *Pevsner Architectural Guide to Dublin* bemerkt Christine Casey mit Blick auf die Kirche St Andrew's sehr treffend: »Es gibt nur wenige Gebäude in Dublin, bei denen die Erwartungen des katholischen Mittelstands an die Emanzipation so sehr geradezu mit Händen zu greifen sind.«

Am Ende der Straße befand sich und befindet sich noch immer Kennedy's Pub, die Stammkneipe von Samuel Beckett in seiner Zeit als Student am nahe gelegenen Trinity College. Wenden wir uns von dort nach links und dann gleich wieder nach rechts, kommen wir zum Merrion Square, wo im Haus Nummer eins, einem – zumindest äußerlich – schönen, typisch georgianischen Reihenhaus, Oscar Wilde geboren wurde, Sohn von William Wilde, der, wie es heißt, ein »ausgezeichneter Arzt« war. Oscars Mutter war die ebenso bemerkenswerte wie faszinierende Jane Francesca Wilde, geborene Elgee, die um 1840 herum unter dem Pseudonym Speranza patriotische Gedichte für die Zeitung *The Nation* verfasste, das Sprachrohr der Bewegung Young Ireland; ihre Verse waren so mitreißend, dass sie einmal in einer besonders turbulenten Phase um ein Haar wegen Volksverhetzung im Gefängnis gelandet wäre.

Unnötig zu sagen, dass ich zu der Zeit, über die ich hier schreibe, von alledem nicht die geringste Ahnung hatte. Ich bin mir nicht sicher, ob ich damals überhaupt schon einmal von dem armen Oscar gehört hatte, an den heute eine scheußlich bunt bemalte Statue erinnert, die ihn an der vis-à-vis von seinem Geburtshaus gelegenen Ecke des Platzes auf einem von einem Geländer umfassten Felsbrocken lümmelnd darstellt. Was für Demütigungen wir uns doch gegenüber den berühmten Toten herausnehmen! Nach Samuel Beckett, dem friedliebendsten Menschen weit und breit, haben wir einen Kampfhubschrauber benannt, und ein paar Fetzen Prosa aus dem *Ulysses* sind,

DUBLIN TOURISM
OSCAR
WILDE
1854 - 1900
POET, DRAMATIST, WIT
LIVED HERE
1855 to 1878
OSCAR WILDE HOUSE
American Coll
ublin
Pro

eingraviert in kleine Messingplatten, ins Dubliner Straßenpflaster eingelassen, wo die Leute sie mit Füßen treten.

Hier halte ich inne, um mit Verwunderung darüber zu sinnieren, wie erstaunlich doch die Dinge miteinander zusammenklingen, sei es auch nur leise, und das durch die Jahrhunderte hindurch. Der Vater von Jane »Speranza« Wilde war in Wexford Anwalt gewesen, und erst kürzlich übernachtete ich in Paris in dem Hotelzimmer, in dem Oscar, ihr Sohn, unter der Last seiner Schulden, ächzend und die schreckliche Tapete beklagend, seinen letzten Atemzug getan hat. So groß sie ist, die Welt, mitunter kommt sie einem doch bedenklich klein vor.

Zur Zeit meiner ersten Geburtstagsausflüge bewohnte meine Tante Nan, die die Schwester meiner Mutter war und ihr ganzes Erwachsenenleben in Dublin verbracht hat, eine winzige Wohnung in der Percy Place.* Sie befand sich im Erdgeschoss eines Hauses, das es schon längst nicht mehr gibt; was ich dort noch am deutlichsten in Erinnerung habe, ist, dass man drinnen direkt an der Haustür eine hohe Stufe hinuntergehen musste, um vom Bürger-

* Meine Sehnsucht hatte immer dem Haus Nummer zwei in der Percy Place gegolten, einem kleinen Backsteinhaus, das direkt an der Huband Bridge stand, mit Blick auf den Canal und im Schatten einer wunderschönen Trauerweide. Kürzlich habe ich entdeckt, dass dieses Haus und noch zwei weitere von William Beckett erbaut wurden, dem Vater von Samuel, und dass Samuel und sein Bruder Frank diese drei Häuser gemeinsam geerbt hatten – jedenfalls standen in den Übertragungsurkunden, zumindest für das Haus Nummer zwei, noch bis in die siebziger Jahre die Namen der beiden Brüder. Ach ja …

steig in den Hausflur zu kommen, ein Manöver, dass ich immer beängstigend fand, selbst noch, als ich schon groß genug war, um es mühelos zu bewältigen. Die Kindheit ist voller obskurer Ängste und Schrecken.

In der Wohnung im oberen Stockwerk lebte eine große, ungehobelte Familie, die auf den merkwürdigen und, wie ich fand, faszinierenden Namen Reck hörte. Eine ihrer Töchter, ein wilder Wirbelwind mit Ringellöckchen und knochigen rosa Knien, war die erste unerwiderte Liebe meines Lebens. In der Hoffnung, die unerreichbare Geliebte nur einmal kurz zu Gesicht zu bekommen, wenn sie in ihren großen Schulschuhen und mit hüpfenden Ringellöckchen die Treppen hinuntergepoltert kam, trödelte ich immer eine Ewigkeit in dem schäbigen Hausflur herum, der nach Tee und Nachttopf miefte. Kaum anzunehmen, dass sie mich überhaupt bemerkt hat, wie ich da lauerte, aschfahl im Gesicht vor unaussprechlicher Sehnsucht, ein reichlich frühreifes Opfer von Cupido.

Auf der anderen Straßenseite war eine Zeile von einem halben Dutzend Häusern, die wohl zu der Zeit gerade erst neu gebaut worden waren; Behausungen für den Mittelstand mit Erkerfenstern und blitzenden Messingtürklopfern. Norman Sherry erzählt in seiner gigantischen Graham-Greenes-Biographie eine kuriose Anekdote über diese ansonsten durchaus respektabel und ordentlich wirkende Häuserzeile. Irgendwann Anfang der fünfziger Jahre kam Greens Geliebte, die schöne, rassige Catherine Walston, eine gebürtige Amerikanerin und Ehefrau des märchenhaft reichen englischen Geschäftsmanns Lord Harry

Walston, hierher, mietete sich vorübergehend in einem dieser Häuser ein und stopfte sich während ihres Aufenthalts ein Kissen unters Kleid, um den Eindruck zu erwecken, sie sei schwanger. Der Grund dafür war wohl, dass eine der Freundinnen ihres Mannes, die in Irland lebte, ein Kind erwartete, und als guter Kumpel, der sie war, hatte Catherine eingewilligt, das unerwünschte Baby als ihr eigenes auszugeben. Sie kam also nach Dublin rüber, stellte ihren markanten falschen Babybauch zur Schau und sollte dann heimlich bei der Geburt dabei sein, um den kleinen Jungen hinterher als ihren Sohn nach England mitzunehmen. *Autres temps, autres mœurs.*

Ich meine, das muss zu der Zeit gewesen sein, als Lady Walston, die nach Aussage eines ihrer Liebhaber »eine Schwäche für Priester« hatte, Father Donal O'Sullivan kennenlernte, einen schillernden Jesuiten, der später Direktor des Arts Council wurde und dem Greene, grün vor Eifersucht, den Spitznamen »Skunkburgh« verpasste. Catherine und der ehrwürdige Father hatten eine Affäre oder jedenfalls etwas, das dem sehr nahekam – über die Beschaffenheit der sexuellen Arrangements zu jener Zeit, als Verhütungsmittel in Irland gesetzlich verboten waren, lässt sich schwer spekulieren. Bekannt ist jedenfalls, dass das Paar Jahr für Jahr zusammen in Venedig Urlaub machte, und wie man sich erzählt, trafen sie sich auch des öfteren zu einem Stelldichein in Lady Walstons Dubliner Wohnung – in der Percy Place? Das will ich doch sehr hoffen.

Ich frage mich, ob die Lady hier seinerzeit auch noch einen anderen berüchtigten klerikalen Lebemann getroffen hat, nämlich Father Con Lee, damals Kurat an St Andrew's, der turmlosen, aber dennoch nach Höherem strebenden Kirche in der Westland Row. Der Father war ein schneidiger Kerl, und seine priesterliche Garderobe war von ungewöhnlich gutem Sitz – mit vollem Namen hieß er Cornelius Frawley Lee, und seiner Familie gehörte das einstmals sehr beliebte und überaus erfolgreiche Kaufhaus Frawley's. Meine Schwester kannte ihn; sie sagt, die Kinder in der Westland Row gaben ihm den Spitznamen Bat Masterson, wohl wegen seines düster-forschen Dandytums. Er hielt sich offenbar für einen Literaten oder so was Ähnliches – einen flüchtigen Auftritt hat er in den Memoiren des Dichters John Montague, der mit seiner Frau in der Herbert Place wohnte und berichtet, wie Unehrwürden eines Abends bei ihm zu Hause hereinschneite. Er war der erste katholische Kaplan am Dubliner Trinity College. Erzbischof John Charles McQuaid unseligen Angedenkens beorderte ihn in den erzbischöflichen Palast und informierte ihn über die Ernennung, wobei er drohend hinzufügte, dass dies eine inoffizielle Berufung sei und Father Lee »auf sich allein gestellt« wäre, falls es irgendwelchen nicht näher spezifizierten »Ärger« geben sollte. Con Lee war genau die Sorte, die Catherine Walston nur allzu gern in ihrer Sammlung von zweifelhaften Klerikern gehabt hätte.

Was für ein seltsamer Gedanke, dass ich irgendwann mal völlig ahnungslos einen Blick auf La Walston mit ihrem Kissen unterm Kleid hätte erhaschen können, wenn ich in der Percy Place gerade die steile Stufe zur Wohnung meiner Tante Nan hinunterstieg.

Wir trafen immer so am späteren Vormittag in der Percy Place ein, meine Mutter, meine Schwester und ich, angeschmuddelt von der Reise, durchgeweicht vom Regen und nach Schafen riechend – dass mein Vater uns auf diesen Geburtstagsausflügen begleitete, kommt mir eher unwahrscheinlich vor. Tante Nan hatte ein Geburtstagsüberraschungsfrühstück vorbereitet – das Wort »Brunch« war der Sprache noch nicht aufgedrängt worden – mit Würsten, ausgelassenem Speck, gebratenen Eiern, gebratenem Brot und zum Runterspülen reichlich teakfarbenem Tee, stark genug, dass eine Maus drauf trippeln könnt', wie meine Mutter sagen würde. Es gab auch eine Schokosahnetorte von der Bäckerei Kylemore, auf die in weißem Zuckerguss mein Name gespritzt war.

Meine Tante war eine alte Jungfer – ein zu jener Zeit noch ganz alltäglicher Ausdruck; mir persönlich hat das Wort »Junggesellin« immer besser gefallen, weil es sich vornehmer anhört, und noch heute mag ich nicht oder wage es nicht, allzu viel darüber nachzudenken, dass es doch schwer und traurig für sie sein musste, so allein zu leben, und dass ich später, in den frühen Sechzigern, als ich gleich um die Ecke, in der Upper Mount Street, noch einmal eine Wohnung mit ihr teilte, nichts getan habe, um es ihr leichter zu machen. Tante Nans Auftreten war allerdings alles andere als traurig: Sie besaß einen subversiven Humor und hatte für die, denen es bestimmt war, über uns, die Masse der Geknechteten, zu herrschen, nichts als ein höhnisches Gekicher übrig. Besonders glühend, kann ich mich erinnern, war ihre Verachtung für unseren Taoiseach, unseren

Premierminister, was seinerzeit Éamon de Valera, genannt »Dev«, war, einstmals Führer der stärksten Partei und Veteran des Aufstands von 1916, den seine amerikanische Staatsbürgerschaft, sehr zum Leidwesen nicht weniger seiner politischen Gegner, vor der standrechtlichen Erschießung bewahrt hatte. Womit genau sich Dev die Schmähungen meiner Tante verdient hatte, vermag ich nicht zu sagen, kann mich aber noch gut daran erinnern, wie sie jedes Mal verächtlich die Mundwinkel nach unten zog, wenn sie es beim besten Willen nicht vermeiden konnte, den Namen von »diesem langen Elend« über die Lippen zu bringen.

Spielzeugknarren. Ich hatte eine Leidenschaft für Spielzeugwaffen. Bei einer frühzeitigen Inventur meines Arsenals kam ich auf vierundzwanzig verschiedene Revolver, teils sechsschüssige, teils automatische, außerdem Strahlenpistolen, nachgemachte Smith & Wesson Saturday Night Specials, darüber hinaus Derringers, Steinschlosspistolen und, mein ausgemachter Liebling, eine in allen Einzelheiten nachgebaute Miniaturversion der berühmten Winchester M1873, mit der in den fünfziger Jahren Lin McAdam (James Stewart) in dem gleichnamigen Western »Dutch Henry« Brown (Stephen McNally) endlich zur Strecke brachte, bevor er mit seiner Herzliebsten, dem Saloonmädchen Lola (Shelley Winters, auch sie eine meiner ersten hoffnungslosen Lieben), einen Hausstand gründete. Nach zu viel Kylemore-Torte im Bauch war mir etwas flau, was meiner Aufregung freilich keinen Abbruch tat, und so riss ich hastig Tante Nans Geschenk auf, das – wie jedes Jahr – in einer Spielzeugwumme bestand; obwohl, einmal hatte sie mir ein Plastik-U-Boot geschenkt, das ich in der Badewanne schwimmen lassen konnte; das war zwar nicht die erhoffte Schusswaffe, aber dennoch ein Riesenerfolg.

Nach unserem späten Frühstück kam der Ausflug »in die Stadt« an die Reihe. Ich bilde mir ein, wir stiegen an der Haltestelle Baggot Street in den Bus der Linie 10 und fuhren ins Zentrum.

Ertappt, halte ich einen Moment inne, erinnere mich an die Baggot Street Bridge und den Blick nach Norden – nach Norden, stimmt das? –, den Grand Canal entlang bis zur Huband Bridge und darüber hinaus. Ich bilde mir ein, jeder von uns hat einen bestimmten Ort, der so was ist wie ein privates Paradies, wie der Himmel, in den wir nach dem Tod gern kommen würden, wenn sich's denn nicht vermeiden lässt, dass wir irgendwohin kommen. Für mich sind diese stille Wasserfläche mit dem raschelnden Schilf und der dunkel umbrafarbene Treidelpfad von der Baggot Street hinab zur Lower Mount Street das schönste Stückchen Wasserlandschaft, das ich kenne; es übertrifft sogar den anderen Canale Grande, den mit den trällernden Gondolieri. Ich empfinde es als eine der glücklicheren Fügungen meines Lebens, dass ich diese Gegend schon kennenlernen durfte, als ich noch ganz klein war, dieses »Baggotonia«, wie seine Einwohner es zärtlich und mit Besitzerstolz nennen, und dass ich schließlich das Glück hatte, zeitweilig dort zu wohnen, nämlich während einer Reihe von Jahren, die ich wohl meine »prägenden« nennen muss.

Ja, ich weiß, der Canal war Patrick Kavanaghs Domäne, was ich seinem Schatten mit Vergnügen konzediere. Eigentlich wollte ich hier nur den Anfang seines sehr berühmten Gedichts auf diesen Ort zitieren, aber als ich es wieder las, fand ich es so wunderschön, dass ich mich entschloss, es nun in voller Länge wiederzugeben.

Verse, geschrieben sitzend auf einer Bank am
Grand Canal, Dublin, »Errichtet zum Andenken an Mrs O'Brien«

Ach, denkt an mich dort, wo's Wasser gibt,
Am besten das vom Canal, still und grün
Im Mittsommer schimmernd, wie hab ich's geliebt.
Bruder, so denkt an mich, so schön.
Wo an einer Schleuse niagarisch tosen
Die Fälle für jene, die sitzen dort
In der Mittjulistille, der unerhört großen.
Nie wieder Prosa – kein einziges Wort –,
Spricht, wer die Parnass'schen Inseln fand.
Schamvoll den Kopf gesenkt, zieht vorbei
Ein Schwan, und es scheint ein phantastisches Licht
In den Augen der Brücken! Ein Schiff aus Athy
Und noch ferneren Städten bringt Mythen herbei.
Ein Heldengrabmal, nein, das taugt für mich nicht,
Eine Bank am Canal, wo der Wandrer verweilt,
Nur solch eine Bank soll mein Denkmal sein.

Dieser ziemlich deutliche Wink mit dem Zaunpfahl kam an, dem Dichter wurde sein Wunsch tatsächlich erfüllt, und das sogar doppelt, denn es gibt am Canal nicht nur

eine Bank, die seinem Andenken gewidmet ist, sondern gleich ihrer zwei, und das hätte der knorrige alte Knacker bestimmt mit einem zufriedenen Grinsen quittiert.

Die Idee, zur Erinnerung an eine bestimmte Persönlichkeit einen Gedenksitz aufzustellen, geht zurück auf das Jahr 1967 und den seligen John Ryan, seines Zeichens Künstler, Zeitschriftenherausgeber, Kritiker und, man glaubt es kaum, Gastwirt – ihm gehörte das Bailey in der Duke Street, eine damals höchst angesagte sogenannte Künstlerkneipe mit angeschlossenem Esslokal, die heute noch ganz gut läuft. John Ryan war zu seinen Lebzeiten eine ziemlich bedeutende Persönlichkeit. In seinen Dubliner Memoiren mit dem Titel *Remembering How We Stood (Vergesst nicht, wie wir standen)* – ein Witzbold meinte einmal, in Anbetracht der Trinkgewohnheiten der Leute, über die er dort schreibt, wäre *Forgetting How We Staggered (Vergesst mal, wie wir schwankten)* wohl der passendere Titel gewesen – berichtet Ryan, wie er und sein Freund Denis Dwyer eine Kommission für die Aufstellung einer Gedenkbank gründeten. Die Kommission traf sich immer sonntagvormittags mehr oder minder zufällig im Ormond, »dem Hotel der ebenso schillernden wie fugalen* Joyce'schen Erinnerungen«, wie Ryan es nannte. Aus Angst vor der unvermeidlichen »Spaltung«, wie Brendan Behan

* *fugalen Joyce'sche Erinnerungen:* Das Sirenen-Kapitel des *Ulysses* spielt im mittlerweile abgerissenen Dubliner Ormond Hotel. Joyce hat die Technik des Kapitels in seinem Schema als »*fuga per canonem*« bezeichnet, und es wird darüber gestritten, ob die Fugenstruktur wirklich zutrifft. (A. d. Ü.)

einmal sagte, bei den Iren stets Punkt eins auf der Tagesordnung einer jeden politischen oder gesellschaftlichen Bewegung, setzten Ryan und seine Mitstreiter sich den 17. März als Stichtag. »Die Iren brauchen immer einen festen Stichtag, wenn sie etwas zustande bringen wollen«, konstatierte Ryan. »In der schalen Leere unbegrenzter Zeit löst all ihr Hoffen und ihr Streben sich auf wie Frühnebel am Morgen.«

Die Bank wurde von dem Künstler Michael Farrell entworfen, »der sich bei seinem Entwurf auf eine grobe Skizze auf einem Bierdeckel stützte, die ich im Baily an der Theke gemacht hatte«, so Ryan. Gebaut wurde sie aus Eichenholz aus dem County Meath und Granit von den Dubliner Bergen, und in den Stein gravierte der Monumentalbildhauer John Cullen Verse aus Kavanaghs Gedicht. Material und Herstellung wurden durch Spenden finanziert, die unter anderem von dem englischen Dichter John Heath-Stubbs, dem späteren Präsidenten Irlands, Cearbhall Ó Dálaigh, und dem protestantischen Erzbischof von Dublin, Dr George Otto Simms, kamen. Woran man sehen kann, dass Kavanaghs Werk weithin Anklang fand.

Erstaunlicherweise wurde der Termin tatsächlich eingehalten, und am 17. März 1968, dem St Patrick's Day, versammelte sich eine kleine Schar, um die auf dem Treidelpfad unterhalb der Baggot Street Bridge errichtete Bank festlich einzuweihen.* Schauspieler des Abbey Theatre

* Natürlich wäre auch ich bei diesem Anlass mit von der Partie gewesen, hätte ich mich zu dieser Zeit nicht im kalifornischen Berkeley inmitten der Afros, der Hippies und der Unruhen aufgehalten.

lasen aus den Werken des Dichters, und wenn wir Ryan glauben dürfen, blieb bei den Anwesenden kein Auge trocken. Nicht weniger als drei Priester waren da – das war lange bevor die entsetzlichen Fakten über Kindesmissbrauch durch Geistliche bekannt wurden, seither scheuen die Kirchenmänner ja eher das Licht der Öffentlichkeit oder erscheinen zumindest in Zivil –, und so wurde die Bank, wie es sich gehörte, mit dem Segen des Herrn geweiht, der seines Amtes waltet und sie über all die Jahre hinweg getreulich beschützt hat, denn sie steht dort bis heute, schön verwittert und einladend wie eh und je. Wie hat John Ryan doch so schön gesagt:

> Wenn der Sommer im Zenit steht, wenn der Himmel vollends überhäuft ist vom ungestümen Laub der Pappeln und Buchen, scheint es, als verschmölzen der Himmel, die Bäume und das Wasser zu einem zitternden Ganzen. Von seiner Bank aus sieht man das Wasser des Canal sich »niagarisch« in die Schleuse stürzen, und wenn man den Kopf hebt, wird der Blick wohl eine halbe Meile den Canal hinaufgelenkt, wo er auf das zwinkernde Auge der Eustace Bridge fällt. Dann ist das Herz berührt von der unermesslichen Schönheit all dessen. In solch einem Moment möchte man einräumen, dass ein parnassischer Gott (ein Freund des Dichters) über der Szene waltet.

Die andere Bank, auf der mit verwegener Miene und dabei zugleich entschieden gespenstisch eine von dem Bildhauer John Coll geschaffene lebensgroße Bronzestatue des bebrillten Dichters lümmelt, wurde im Sommer 1991 von der damaligen Präsidentin Mary Robinson enthüllt, sofern man eine Bank enthüllen kann. Man kann sich irgendwie schon denken, welcher dieser beiden Bänke Kavanagh den Vorzug gegeben hätte.

• • • • •

»Genie«, sagt Baudelaire, »ist nichts anderes als die deutlich ausformulierte Kindheit.« Ich glaube, dass der große französische Dekadente, der dies über den gleichermaßen dekadenten englischen Essayisten Thomas De Quincey, den Verfasser der *Bekenntnisse eines englischen Opium-Essers,* schrieb, das Wort »Genie« in diesem Kontext als den »daimon« verstanden wissen wollte, den nach dem Glauben der alten Griechen jeder Mensch in sich hat, nämlich seinen Charakter, ja, in der Tat, sein Wesen. Wenn Baudelaire recht hat, hört die Kindheit gewissermaßen niemals auf, sondern existiert in uns nicht bloß als Erinnerung oder Komplex von Erinnerungen, sondern als wesentlicher Teil dessen, was wir im Eigentlichen sind. Jeder Künstler weiß um diese Wahrheit, denn für den Künstler sind die Kindheit und die Sicht der Kindheit auf die Dinge eine tiefe Quelle dessen, was man früher Inspiration nannte, sei es auch nur, weil wir als Kinder die Welt zum ersten Mal als ein Mysterium begreifen. Der Prozess

des Erwachsenwerdens ist leider ein Prozess der Verwandlung des Mysteriösen ins Profane. Wir hören auf, uns von Dingen in Erstaunen versetzen zu lassen – dem Himmel, dem Kreislauf der Jahreszeiten, der Liebe, anderen Menschen –, einzig und allein, weil wir uns an sie gewöhnt haben.

Stellen Sie sich ein Wesen von einem unermesslich fernen Stern vor, der mit dem unseren nicht das Mindeste gemein hat, ein Wesen, das hierher entsandt wurde, um sich einen umfassenden Überblick über die Erde und ihre Bewohner zu verschaffen und diesen dann seiner Regierung zu überbringen, die langfristig die Möglichkeit einer feindlichen Übernahme in Erwägung zieht. Der Bursche macht einen raschen Erkundungsgang – er verfügt über eine sagenhaft schnelle Beobachtungs- und Auffassungsgabe – und will seinem Bericht gerade noch den letzten Schliff geben, als es plötzlich anfängt zu regnen: Wasser, das vom Himmel fällt! Oder jemand niest – was ist das denn für ein jäher Anfall? –, oder einer gähnt: Was hat das zu bedeuten, dieser stumme Schrei, und warum staunen die Leute ringsherum nicht über dieses Schauspiel oder sind von Entsetzen gepackt? Unser Außerirdischer erkennt auf der Stelle, dass er seinen Bericht zerreißen und noch einmal von vorn anfangen muss, denn dieser Ort hier ist noch viel, viel eigenartiger, als er zunächst geglaubt hat.

Das Kind existiert genau wie dieser außerirdische Faktensammler in einem Zustand permanent wiederkehrenden Staunens – jeden Augenblick begegnet ihm etwas Neues, Ungewöhnliches –, doch mit der Zeit vernebelt sich sein Bewusstsein. Irgendwann kommt der Moment, da man, wie wir bekümmert sagen, alles gesehen hat. Doch niemand von uns hat alles gesehen: Alles ist ständig neu, und jedes Mal ist das erste Mal. Wir werden nicht erwachsen; wir stumpfen nur ab.

Und so ist der Siebzigjährige, der hier im feuchten Frühlingswetter sitzt und diese Quasimemoiren schreibt, zugleich auch das Kind, das sich, satt von Wurst, Speckscheiben und Kylemore-Torte, an jenem längst vergangenen Dezembertag aufmacht und in den Bus der Linie 10 steigt, der ins Stadtzentrum fährt, oder ins An Lár, wie auf der Anzeige vorne am Bus steht. Ich blicke zurück und sehe einen Fremden, der sieben Jahre alt und dennoch ich ist. Aber wie kann es möglich sein, dass ich dieses Kind bin und dass dieses Kind ich ist? Eine Frage, die schon den Philosophen Wittgenstein beschäftigt hat, der sie zusammen mit anderen Rätseln dieser Art stellte – Ist eine Rose auch im Dunkeln rot? Wenn ein Löwe sprechen könnte, würden wir ihn verstehen? –, Rätsel, die er zu lösen versuchte und an denen er gescheitert ist, auf faszinierende Weise gescheitert.*

* An Wittgenstein erinnert eine Tafel im Palmenhaus des Botanischen Gartens in Glasnevin. In den späten vierziger Jahren lebte der Philosoph in Dublin, wo sein guter Freund Dr. Maurice Drury als Facharzt für Psychiatrie am St Patrick's Hospital tätig war. Er wohnte im Ross's, dem heutigen Ashling-Hotel, an dem eine weitere Tafel an ihn erinnert, nahm seinen Lunch im Bewley's oder im Members' Dining Room des Zoologischen Gartens, und hin und wieder saß er auf den Stufen des Palmenhauses und arbeitete dort in der Wärme.

Kann der alte Mann derselbe Mensch sein wie das Kind, das er einmal war? Ich habe eine kleine weiße, leicht ausgefranste Narbe zwischen meinen Augenbrauen, ein Überbleibsel von einem Unfall, den ich hatte, als ich vier oder fünf war. Eines Tages rannte ich über den Faythe, diesen Platz mit dem ziemlich komischen Namen, der im Grunde nur eine keilförmige Fläche in meinem Geburtsort Wexford ist, und krachte gegen einen scharfkantigen Holzpfahl, der ein frisch gepflanztes Bäumchen stützte. Vor ein paar Jahren war ich noch einmal am Faythe, um mir die alte Stelle anzusehen, und fand dort zu meiner Verwunderung einen Hain von ausgewachsenen Bäumen vor. Ich war verblüfft, denn sie sahen mir ganz so aus, als stünden sie schon ein paar hundert Jahre dort. »Ach was«, sagte meine Schwester in freundlichem Ton, »die sind ungefähr so alt wie du.« Entgeistert fasste ich an die Narbe auf meiner Stirn und dachte: *Ich war schon hier, hab schon gelebt, als diese Bäume gepflanzt wurden!*

Ist das Kind des Mannes Vater, wie Wordsworth behauptet? Wenn ja, ist es nicht grotesk, sich im Alter mit dem Gedanken zu befassen, dass man von dem Kind gezeugt wurde, das man am Anfang war?

Und wann wird die Vergangenheit zur Vergangenheit?

• • • • •

Die O'Connell Street hatte ihre Blütezeit in den fünfziger Jahren, als man noch keine Kopie eines schäbigen Neonboulevards in Las Vegas aus ihr gemacht hatte. Damals

CLERY &
C O L TD

wuchsen dort echte Bäume, Londoner Platanen, ein paar davon noch aus dem neunzehnten Jahrhundert, alle vor zehn Jahren weggefegt und durch undefinierbare gakelige Gewächse ersetzt, die aussehen wie aus Plastik. Damals stand auch die Nelsonsäule noch – ein Stilbruch, aber einer, der wenigstens gut aussah. Die Busse, die auf beiden Straßenseiten vorüberrumpelten, trompetend wie Elefanten, waren moosgrün angestrichen und hatten hinten eine offene Plattform, bei der man die in gelangweiltem Ton wiederholten Warnungen des Schaffners geflissentlich überhören und sich den Nervenkitzel gönnen konnte, noch schnell auf- oder abzuspringen, während das Fahrzeug anfuhr oder schlingernd zum Stehen kam; man musste nur rechtzeitig nach der silbern glänzenden Stange greifen. Einmal wurde ich Zeuge, wie ein zwitterhafter, wie ein Pfingstochse herausgeputzter Jüngling kurz vor der Haltestelle tänzelnd absprang. Sobald der Bus hielt, tauchte der Schaffner, ein winziges Männchen, auf und schwenkte einen zusammengerollten Regenschirm. »Hallo, Elfenkönigin«, rief er dem davoneilenden Dandy höhnisch nach, »du hast deinen Zauberstab vergessen.« Der junge Mann machte kehrt, kam zurückgeschlendert, nahm den Schirm, klopfte dem Spötter mit der Spitze sachte auf die Schulter und sagte: »Ich verwandle dich in einen Haufen Scheiße, elender Zwerg!« Wie geistreich doch die Schwulen damals waren, in diesen ganz und gar nicht schwulenfreundlichen Zeiten, und wie sie uns zum Lachen brachten.

In der Grafton Street gab es Switzer's und Brown Thomas, doch in diesen eleganten Kaufhäusern verkehrten nur die Betuchten, wir Angehörige der etwas niederen Ränge hatten uns mit Clery's in der O'Connell Street zu bescheiden. Clery's mit seinen vielen Etagen und kilometerlangen Verkaufstischen war vermutlich eines der größten Warenhäuser auf diesen Inseln, und es war so durch und durch verlottert, dass es schon wieder amüsant war: Ich erinnere mich an nackte Dielen, aber in dem Punkt irre ich mich wohl, denn mindestens Linoleum muss es doch gegeben haben. Das Personal, überwiegend Männer mittleren Alters, zerfiel in zwei Gruppen, die Komiker, die Meister der gewagten Pointe – »Diese Elastik ist für die Ewigkeit gemacht, Missus!« –, und die Zerstreuten, gelinde verzweifelt Wirkenden, die mir wie vornehme Knastbrüder vorkamen, die ungeduldig darauf warten, wegen guter Führung entlassen zu werden. Ihre weiblichen Pendants trugen kohlschwarze Röcke, schwarze Twinsets und bequeme schwarze Schuhe und waren von einer gequälten Flinkheit und Kompetenz, ganz so, als gehörten sie einem Orden säkularer Nonnen an.

Unsere erste Station war stets die Schmuckabteilung, wo ich mein alljährliches Geburtstagsgeschenk gekauft bekam, eine Armbanduhr für zehn Shilling und Sixpence. Ich war ganz fasziniert von diesen kleinen Zeitmessern: Ihre Lederarmbänder rochen nach Reichtum, und drinnen im Uhrwerk waren angeblich Rubine – echte Rubine! Die, die wir uns leisten konnten, lagen ziemlich weit am unteren Ende der Preisskala, und wenn ich Glück hatte, gingen sie kurz nach Neujahr noch pünktlich, dann aber gerieten sie aus dem Tritt, waren scheinbar erschöpft und gingen nach oder begannen plötzlich, in einem Heidentempo zu ticken, und gingen mehrere Stunden vor. Wenn sie schließlich ganz den Geist aufgaben, was für gewöhnlich Mitte Februar passierte, kehrte ich wieder zu meiner alten Gewohnheit zurück, mir heimlich die elegante kleine Omega meiner Mutter aus einem Schubfach ihres Frisiertischchens auszuborgen, denn ich konnte meinen Mitschülern ja schließlich nicht wie ein armer Schlucker mit nacktem Handgelenk unter die Augen treten.

Wenn der feierliche Uhrenkauf erledigt war, galt es, eine Stunde Langeweile hinter mich zu bringen und hinter Mutter, Tante und Schwester herzutrotten, die sich ganz dem Hauptgeschäft des Tages hingaben, nämlich dem Erwerb von Weihnachtsgeschenken, die aus meiner Sicht alle hoffnungslos uninteressant waren. Für einen kleinen Jungen sind die Kleiderständer eines Warenhauses nicht sonderlich unterhaltsam, nicht einmal dann, wenn er mit einer glänzenden neuen Armbanduhr angeben kann. Sicher, er konnte den Puppen in der Miederwarenabteilung schöne Augen machen und mit dem Handrücken wie zufällig an einem Gestell mit kühlen, sich aufregend spröde anfühlenden Nylonhöschen entlangstreifen. Er konnte auch davon träumen, dass ihn die verruchte Kayser-Bondor-Lady – »Wäsche! Hausmäntel! Büstenhalter!« – am Schlafittchen packte und ihn mit wonniger Unaufhaltsamkeit in ihr Boudoir schleppte. Dieses auf einem Pappschild dargestellte entzückende hochgewachsene Geschöpf mit Wespentaille, reizendem knallrotem Mund und schamlos zur Schau gestellten Strumpfrändern streifte lasziv durch viele Phantasien meiner Knabenzeit, und würde sie heraufbeschworen aus der puckernden Vergangenheit, sie könnte – Wohltat und Provokation zugleich – mir sicherlich ihr wohlgeformtes Bein auch heute noch entgegenstrecken.*

Genüsse, Genüsse und noch mehr Genüsse. Auf der O'Connell Street gab es mindestens zwei Eisdielen. Die eine hieß Broadway, die andere Palm Beach – man hat mir erzählt, dass eine davon, vielleicht sogar beide, der Familie des Restaurantkritikers Paolo Tullio gehörte –, für manche Leute billige knallbunte Etablissements, gewiss, für uns jedoch waren sie farbenfroh wie Kalifornien. Mir war das Palm Beach lieber wegen seiner herrlichen Eisbecher, zum Beispiel der Knickerbocker Glory – immer abwechselnd eine Kugel Vanille- oder Erdbeereis und eine Lage Früchte, aufgeschichtet in hohen Dessertgläsern, ich sehe noch den glänzenden roten Sirup, wie er sich innen am Glas hinabschlängelt, genauer gesagt, im Schneckentempo hinunterkriecht. Oder der Melancholy Baby und der Banana Split, der sich noch unanständiger anhörte. Merkwürdigerweise kann ich mich nur erinnern, dass mich mein Bruder dorthin mitnahm, der schon ein Teenager war, als ich noch in kurzen Hosen herumlief. Bilde ich mir das nur ein, oder gab es im Palm Beach tatsächlich eine Jukebox mit so einem komischen Automaten an jedem Tisch, in den man eine Münze einwerfen musste und sich dann seinen

* Man kann sie immer noch betrachten, reicher gewandet denn je und in einer Vielzahl ebenso eleganter wie anzüglicher Posen zwinkert sie uns zu aus den ferneren Galaxien des Internets.

Wunschtitel aussuchen konnte? Mein Bruder kannte sich hervorragend mit den eher subtilen Popstars der damaligen Zeit aus: Frank Sinatra, Doris Day, Perry Como, Nat »King« Cole, Rosemary Clooney, die Ink Spots, Teresa Brewer …

Musik! Musik! Musik!

Ich muss an diesen langen Geburtstagen auch noch etwas anderes gegessen haben als das Frühstück zu Hause bei meiner Tante Nan und am späten Nachmittag einen Eisbecher in der vom Regen durchgespülten O'Connell Street. Vielleicht gab es einen Lunch oder, wie wir damals gesagt hätten, ein Dinner in Wynns Hotel in der Abbey Street, wo das Stammpublikum aus lärmenden, whiskeytrinkenden Priestern und zwielichtigen Typen mit Trilbyhüten bestand sowie aus der einen oder anderen hoffnungsfrohen, wenn auch nicht mehr ganz taufrischen jungen Dame in Nahtstrümpfen und buntgemusterter Bluse, die mit einer forsch zwischen die ostentativ unberingten Finger ihrer rechten Hand geklemmten lippenstiftrot verschmierten Zigarette an der Bar hockte.

Im Restaurantteil, dessen Decke der Tabakrauch geißblattgelb gefärbt hatte, würde das »Dinner« dann aus einer Schüssel mit einer hellbräunlichen Suppe bestanden haben, gefolgt von einem großen dunkelweißen Teller, auf den man zwei, drei dicke Scheiben graubraunen Rinderbratens geschmissen hätte, flankiert von ehemals grünem, fast vollends totgekochtem Gemüse, hinterher hätte es noch irgendwas mit Vanillesoße gegeben, und abgerundet oder, wie George Orwell gesagt hätte, »runtergespült« worden wäre das Ganze dann mit reichlich Tee, der die Farbe von Baumstämmen hatte, die ein paar hundert Jahre in sumpfigem Wasser gelegen haben.

Im Dezember, wenn es auf Weihnachten zugeht, sind die Tage kurz, und am Ende kommt es einem vor, als fielen sie sachte in sich zusammen. Ich liebte die Melancholie dieser Dubliner Abende, auch wenn sie mir mein junges Herz so schwer bedrückten. Bahnhöfe bei Nacht sind immer von einer durch nichts zu heilenden Traurigkeit, und wenn wir dann die Rückfahrt nach Wexford antraten und der Zug den Bahnhof Westland Row verließ, musste ich jedes Mal den Kopf wegdrehen und das Gesicht ans Fenster drücken, damit Mutter und Schwester meine Tränen nicht sahen. Was ich jetzt im Glas gespiegelt erblickte, war nicht mehr der verwegene Agent, der auf der Flucht war, sondern bloß noch ein plärrender kleiner Junge mit kummerschwerem Herzen. Ich hätte nicht zu sagen gewusst, weshalb oder um was ich eigentlich weinte, lautlos, verzweifelt, mit geballten Fäusten und krampfhaft zusammengebissenen Zähnen, damit mir nur ja kein Schluchzen entfleuchte, aber wenn ich heute so zurückdenke, dann war es wohl, nehme ich an, weil etwas zu Ende ging, wie wenn ein Zirkuszelt zusammengefaltet wird, weil etwas, kurz gesagt, im Begriff war, zur Vergangenheit zu werden.

2

Cicero, Vico und das Abbey

MEIN FREUND CICERO KENNT EIN DUBLIN, das den wenigsten bekannt ist, und wenn doch, dann haben sie vergessen, dass es jemals existierte. In einem ganzen langen Leben des Erschließens, Bauens oder Sammelns hat er einen großen Vorrat an geheimem Wissen über eine verborgene Stadt angehäuft, verborgen und doch für jedermann sichtbar. Er kann Ihnen sagen, in welchem Pub in der North Strand es an der Wand der Loungebar eine Karte mit sämtlichen Leuchttürmen und Feuerschiffen in der Dublin Bay gibt – mitsamt ihren Signalsequenzen. Er kann Ihnen sagen, wo man Trümmerteile der abgerissenen Nelsonsäule finden kann und wo das Haupt des Admirals höchstselbst geblieben ist. Wenn Sie ihn freundlich bitten, wird er Ihnen die kläglichen baufälligen Überreste der – wie er uns versichert – schönsten georgianischen Häuser der Stadt zeigen, die, als ihre Glanzzeiten vorüber waren, Dutzende arme Familien beherbergten, wenn »beherbergen« das rechte Wort dafür ist, wie diese Menschen dort bunt zusammengewürfelt, in unvorstellbarem Elend, in diesen schönen hohen Räumen hausten, deren Schönheit nichts zerstören kann. Er gehört zu den treibenden Kräften bei der Neugestaltung der Dubliner Docklands, er erschafft Musikhallen und Theater, ist ein Mann mit Geschmack und mit subtiler Urteilskraft und ein wahres Lokalgenie, wenn es um die Entdeckung echter Antiquitäten geht.* Im Gravediggers Pub ziehen sie die Mütze vor ihm. Er weiß auch, wer Blood Stoney war und warum der Misery Hill Misery Hill heißt. Ich kann mich glücklich schätzen, ihn zum Freund zu haben und jetzt zu meinem Führer durch die verborgene Stadt.

• • • • •

Ein lichter, lieblicher Maimorgen. Die Sonne leuchtet durch den zarten, musselinfeinen Dunst, die linde Luft ist von Fliederduft erfüllt, und draußen über den lohgelben Ausläufern von Sandymount Strand, wo Stephen Dedalus einst über Seelaich und Seetang trottete und mit seinen

* Fürs Protokoll: Er ist Gründer des Point Village, des Konzert- und Veranstaltungszentrums 3Arena und des Bord Gáis Energy Theatre sowie Mitbegründer des National Conference Centre, des Veranstaltungszentrums in der Vicar Street und des Gibson Hotel. Eine Bilanz, die wahrlich nicht zu verachten ist ... was allerdings eh niemand wagen würde.

kurzsichtigen Augen die Handschrift aller Dinge zu erkennen versuchte, die zu lesen er dorthin gesandt war, scheint und schimmert der blasse Himmel wie die Innenhaut einer riesengroßen Seifenblase. Cicero und ich, zwei alte Teufelskerle, fahren in seinem kleinen roten Roadster* gen Süden, auf dem Weg, uns die Originalfassade und die Seitenwand des alten Abbey Theatre anzuschauen – beide abgebaut, aber sorgfältig konserviert.

Gegründet wurde das Abbey von dem Dichter W. B. Yeats und seiner Freundin Lady Gregory mit Unterstützung des unsäglichen, von Yeats' Biographen Roy Foster so plastisch als »mondgesichtig, fettleibig, zwitterhaft, frenetisch katholisch« charakterisierten Dramatikers Edward Martyn aus Tillyra Castle im County Galway. Finanzielle Unterstützung für die Gründung des Theaters kam von Miss Annie Horniman, einer reichen Amerikanerin und Bewunderin von Yeats, die wie dieser eine Schwäche fürs Okkulte hatte. Sie war es, die mit ihrem Geld den Kauf des Gebäudes der Mechanics' Institution an der Abbey Street, Ecke Malborough Street, mitten im Zentrum von Dublin, ermöglichte. In seinem früheren Leben war das Gebäude erst ein Theater, nämlich das Prince's Theatre, und dann eine Sparkasse gewesen. Ehedem hatte auf dem Grundstück auch das städti-

* Das ist ein Zweisitzer von MG, 1275cc, ein Oldtimer von 1957, »der letzte echte britische Sportwagen«, sagt Cicero, der ihn vor vierzig Jahren für schwerverdiente 400 Pfund gekauft hat. »Hörst du, wie der Motor röhrt – man kommt sich vor, als würde man eine Spitfire fliegen.«

sche Leichenschauhaus gestanden, ein Umstand, der den sarkastischen und allemal boshaften Dubliner Witzbolden reichlich Stoff für derbe Späße lieferte.

Einer der scharfsinnigsten und boshaftesten unter ihnen war Oliver St John Gogarty. Hingerissen von Miss Hornimans Namen, setzte dieser ihr ein Denkmal mit einem ebenso cleveren wie skurrilen Limerick:

Wie schade, dass Miss Horniman,
Als sie sich endlich einen Mann
Beschaffen wollt, sich kaprizierte
Auf Willie, den Yeats, der noch masturbierte.
Denn der kann es höchstens von vorni, der Mann.

Vor der Gründung des Abbey war das Gebäude der Sitz der von Frank und Willie Fay geleiteten Irish National Dramatic Society gewesen; dass Yeats und Lady Gregory das Vermächtnis der beiden hart arbeitenden Brüder einfach nicht zur Kenntnis nahmen – ein Fall von aristokratischem Hochmut –, haben diese ihnen bitterlich verübelt. Doch hatte Yeats ungeachtet seiner Patrizierinstinkte den Ehrgeiz, das neue Theater auch für die niederen Ränge zu öffnen. Er schrieb: »›Lasst uns zu den kleinen Angestellten und den Ladenmädchen gehen‹, sagte einer von uns [höchstwahrscheinlich er selber], ›und sie nach der Arbeit auf die Bühne vorbereiten. Lasst es uns versuchen.‹ Wie wir feststellen konnten, war die Aufgabe weitaus einfacher, als wir erwartet hatten. Was nur ein weiterer Beweis dafür war, dass es in allen Klassen geistige Interessen gibt.«

Damit ignorierte man, dass die Brüder Fay bereits eine Gruppe talentierter Laienschauspieler um sich geschart und herangebildet hatten, auf deren Dienste Yeats zurückgreifen konnte, was er auch tat. Um 1890 herum hatte die Truppe von Willie Fay eine Tournee durch das gesamte Vereinigte Königreich gemacht, während sein Bruder sich aktiv für das Laientheater in Dublin engagierte – die Fays waren es auch, die 1902 die erste Inszenierung von Yeats' Stück *Cathleen Ní Houlihan* auf die Beine gestellt hatten, mit Yeats' Muse Maud Gonne in der Hauptrolle; gespielt wurde hauptsächlich vor Arbeitern, und die Inszenierung war überraschend erfolgreich. Was mögen wohl die Lümmel im Parkett* von Yeats' erhabenen Gefühlsaufwallungen gehalten haben, die Maud so einzigartig intonierte?

Eröffnet wurde das Abbey Theatre am 27. Dezember 1904 mit *On Baile's Strand* und *Cathleen Ní Houlihan,* beide von Yeats, sowie Lady Gregorys Einakter *Spreading the News,* allesamt vor vollem Haus. Das war gerade einmal ein halbes Jahr nach dem 16. Juni, an dem James Joyce jenes folgenschwere erste Rendezvous mit Nora Barnacle, seiner künftigen Ehefrau, gehabt hatte. »Na, die wirst du nie wieder los«, soll Joyces Vater seinem Sohn gegenüber gespottet haben, als er hörte, wie Nora mit Nachnamen hieß. Der Abend war ein Triumph, besonders für Yeats. Denn Lady Gregory saß mit

* Ich möchte wissen, woher dieser abschätzige Begriff für die Leute kommt, die früher »die niederen Ränge« genannt wurden. Ein echter Dubliner, der hier geboren ist, kann mir das sicher sagen. Ich werde Cicero fragen …

einer bösen Grippe in ihrem Haus in Coole Park bei Gort im County Galway in Quarantäne, sodass sich der Dichter ganz allein im Scheinwerferlicht sonnen konnte. Und dessen schmeichelhafte Strahlen liebte niemand mehr als Willie Yeats. »WBY«, schreibt Roy Foster, »sah sich als Diktator im Dienste der Kunst, bereit, zu bestimmen, zu teilen und zu herrschen.« Andere aber, darunter auch die noch immer leidenschaftlich engagierten Brüder Fay,

> bemühten sich in späteren Jahren vergebens klarzustellen, dass die Theaterbewegung, die im neu eröffneten Abbey in ihre Apotheose eintrat, ... nicht allein das Werk eines einzigen Genies war. Doch mit Blick auf den Nachruhm wurden sie durch WBYs wachsenden Sinn für die eigene historische Bedeutung unrettbar beiseitegefegt und mit Nebenrollen abgespeist.*

* Aber vielleicht sollten wir uns bemühen, Fosters doch recht strenges Urteil ein wenig abzumildern, indem wir uns daran erinnern, dass der gealterte Yeats reumütig auf jene Zeit zurückblickt, zum Beispiel in einem Gedicht wie *Der Verrat der Zirkustiere*, in dem er bekennt:

> Die Schauspieler und den Prospekt hab ich gesehn,
> Nicht jene Dinge, für die beide bildlich stehn.

Und wo ihm klar wird, wie hohl doch zumindest manches ist, das seine Erfolge ausmacht:

> Der frohe Mut, der Kampf, die Ruhe: reiner Wahn,
> Stoff eines bittren Herzens ...

Das Theater sah von außen kleiner aus, als es tatsächlich war. Es hatte zwei Außenwände, nämlich die Fassade an der Abbey Street und eine Seitenwand an der Marlborough Street. Gewisse wesentliche Dinge fehlten allerdings, beispielsweise ein Zugang zur Bühne von den Garderoben aus, sodass die Schauspieler in vollem Kostüm aus einer Seitentür an der Marlborough Street die Straße entlangrennen und das Theater durch das Foyer betreten mussten. So jedenfalls lautet die Legende …

• • • • •

Die Killiney Bay südlich von Dublin wird wegen ihrer Erhabenheit und Schönheit gern mit dem Golf von Neapel verglichen, und das mit Recht. Die dortigen Straßennamen zelebrieren diese Ähnlichkeit. Es gibt eine Sorrento Terrace – eine schmucke Häuserzeile am nördlichen Ende der Bay –, eine Nerano Road und eine Torca Road, beide benannt nach Städten an der Amalfiküste. Im Torca Cottage wohnte von 1866 bis 1874 George Bernard Shaw. Und dann ist da noch die bezaubernde Vico Road, so benannt zur Erinnerung an den neapolitanischen Philosophen Giambattista Vico, den James Joyce so sehr bewunderte, dass er, um dem großen Denker ein hintersinniges Denkmal zu setzen, seinen Finnegans Wake mit den Worten beginnen lässt: »… a commodious vicus of recirculation …«

Auf der steil den Killiney Hill bergauf mäandernden Vico Road sind Cicero und ich unterwegs zum Haus von

Joan Hanly, der Witwe Daithí Hanlys, des früheren Stadtarchitekten von Dublin, der 2003 im Alter von sechsundachtzig Jahren starb.

Hanly war eine der wenigen wirklich hellsichtigen Gestalten seiner Zeit. Seine berufliche Laufbahn begann in den frühen vierziger Jahren und zeichnete sich von Anfang an durch das Bemühen um die Erhaltung von Struktur und Geist des architektonischen Erbes der Stadt aus. In den Sechzigern kritisierte er besonders die sogenannten »Erschließungen«, beispielsweise die Errichtung der Zentrale des Electricity Supply Board, also der staatlichen Elektrizitätsgesellschaft, für die ein nicht unbeträchtlicher Teil einer georgianischen Häuserzeile abgerissen werden musste, die zwar »an sich bescheiden, aber dennoch ein wichtiges Element des seinerzeit noch intakten Straßenbilds« war, wie Maurice Craig in seinem faszinierenden, 1952 erstmals veröffentlichten Buch *Dublin 1660–1860: The Shaping of a City* meint. Ebenso wandte sich Hanly gegen den Bau der wahrhaft scheußlichen Liberty Hall – eines Turms aus Stahl und Glas, dessen Flachdach ein geriefter Metallkranz krönt, der an eine riesige Waffel erinnert – sowie gegen jenen auf einem nicht gerade reizvollen Gelände auf halber Höhe der Dame Street hockenden überdimensionierten Betonklotz, in dem die Central Bank ihren Sitz hat und um den zu jeder Jahreszeit, ja selbst an einem richtig tropisch warmen Sommertag – und hin und wieder, wenn auch eher selten, haben wir in Dublin durchaus mal einen tropisch warmen Sommertag –, unablässig ein rätselhafter stürmischer Wind fegt.

Nachdem das Abbey Theatre 1951 bei einem Brand zerstört worden war, zog das Ensemble in das alte Queen's Theatre in der Pearse Street um. 1961 wurde das Gebäude in der Abbey Street abgerissen. Hanly machte es sich zur Aufgabe, die Granitblöcke der Vorderwand und der Seitenwände zu bergen und sie, alle sorgfältig durchnummeriert, auf dem Grundstück seines Hauses in der Vico Road zu lagern. Er hatte vor, daraus die Fassade eines nationalen Theatermuseums zu bauen, doch seine diesbezüglichen Hoffnungen sollten sich nicht realisieren lassen. Später, als das neue Abbey Theatre an seinem ursprünglichen Standort Ecke Abbey Street wiederaufgebaut wurde, schlug er vor, die Granitfassade ins Foyer des Neubaus zu integrieren, wurde jedoch auch diesmal übergangen.

Man kann Hanlys Beharrlichkeit angesichts des Desinteresses und der Hinhaltetaktiken der Behörden nur bewundern, ebenso wie die Treue seiner Witwe Joan, die die nummerierten Quader nach wie vor in ihrem hübschen Garten aufbewahrt, wo sie die Wege säumen und das Areal auf diese Weise in ein modernes Pompeij *en miniature* verwandeln. Joan Hanly und ihre Tochter Helen führen Cicero und mich herum; wir sind berührt vom traurigen Anblick der umgefallenen Steine und zugleich bezaubert von der Schönheit des Hanggartens und dem weiten Blick über das riesige Becken der Killiney Bay, der an Amalfi erinnert.

In einem Schuppen in einer Ecke des Gartens sind die Fenster des Theaters aufbewahrt, einschließlich der Originalverglasung, und außerdem, was uns am meisten rührt, der Kassenkiosk des Peacock, jener kleinen Experimentalbühne, die um 1920 herum im Erdgeschoss des eigentlichen Theatergebäudes eröffnet wurde. Und hier ist auch, auf einem Tisch, ein wunderschönes holzgeschnitztes maßstabgerechtes und bis ins Kleinste detailgetreu nachgebildetes Modell des Theaters.

Ich stehe in Joan Hanlys entzückendem Garten und frage mich, was wohl aus diesen so beharrlich aufbewahrten Überresten einer verlorenen Vergangenheit werden wird, diesem Teil von einem Gestern, das bis heute erhalten geblieben ist. Doch Cicero, stellt sich heraus, hat einen Plan, und er verspricht, dass er mir irgendwann davon erzählen wird …

SAVINGS

3

Baggotonia

MAN WEISS NICHT ODER, BESSER GESAGT, ich weiß nicht genau, wer sich diesen Namen ausgedacht hat. Der- oder diejenige hatte dabei offenbar Fitzrovia im Sinn, das nördlich von Soho gelegene angebliche Londoner Künstlerviertel. Wie die Charlotte Street und der Fitzroy Square das Herz von Fitzrovia darstellen, so bilden die Baggot* Street und der Merrion Square den Kern von Baggotonia. Der Name geht zurück auf Sir Robert Bagod (gestorben um 1298), den ersten irischen Oberrichter und Erbauer von Baggotrath Castle, das als die zu jener Zeit unbezwingbarste Festung Irlands gilt. Die Burg ging in der Folge in den Besitz der Familie Fitz-

* Auf mindestens einer Karte aus dem achtzehnten Jahrhundert ist als Schreibweise »Baggat« angegeben.

william über und verfiel schließlich, wobei einige Überreste noch bis ins frühe neunzehnte Jahrhundert erhalten waren. An diese Festung erinnert die Baggotrath Place, die von der Fitzwilliam Lane zur Baggot Street Upper verläuft, wo der beste Blumenstand in ganz Dublin war und vielleicht immer noch ist.

Die Grenzen von Baggotonia sind auf rätselhafte Weise fließend. Um Platz zu sparen, werde ich an dieser Stelle Nancy Mitfords Beispiel folgen und alles, was authentisch »baggotonisch« ist, kurzerhand »B« nennen, alles andere aber »Nicht-B«. So sind etwa die beiden Enden der Lower Mount Street »B«, die Straße selbst jedoch ist eindeutig »Nicht-B« und war es auch schon in meiner Jugend, als viele ihrer georgianischen Häuser noch standen. Am östlichen Ende der Durchfahrtstraße befinden sich der Canal und der eher grüne Ausläufer der Percy Place, während der westliche Teil in den Merrion Square mündet; beide Extreme sind geradezu exemplarisch »B« und in der Tat wahre Musterbeispiele für das stolze Baggotonia. Was also ist mit der Straße selbst los? Wieso ist die »Nicht-B«? Diese Frage können einem nicht mal die eingeborenen Söhne und Töchter Baggotonias beantworten, von denen allerdings kaum noch welche übrig sein dürften; man *weiß* es einfach.

Das ist auch so ein Aspekt des Mysteriums, auf den Cicero mich hinweist: Unmittelbar hinter der Kreuzung, wo die eher unscheinbare Lower Mount Street in den hochherrschaftlichen Merrion Square mündet, ist die Holles Street, die an der Entbindungsklinik Holles Street vorbeiführt; dort vis-à-vis hab ich mich einst, vor langer Zeit, so manchen dunstverhangenen Morgen verkatert herumgedrückt und auf den Bus der Linie 7 gewartet. Heute ist Holles Street, die übrigens eher kurz ist, am oberen Ende »B«, jedoch im unteren Teil, wo sie die Grand Canal Street Lower kreuzt und in die Unterwelt der Erne Street Upper mündet, ganz entsetzlich »Nicht-B«, ist Letztere doch eine Gegend, in die kein Baggotonier, der auch nur einen Funken Selbstachtung besitzt, sich wagen würde, es sei denn, er wäre auf der Suche nach Badezimmerarmaturen oder müsste sich einen neuen Auspuff einbauen lassen.

Und dann ist da noch die Harcourt Street, eine anmutig geschwungene georgianische Zeile, die ebenso hübsch und gepflegt ist wie die Upper Mount Street oder die Baggot Street selbst. Aber ist sie auch »B«? Nicht so ganz, oder wenigstens nicht so ganz ganz. Die Harcourt Terrace hingegen, die noch weiter außerhalb der »B«-Grenzen liegt als ihre Cousine, die Harcourt Street, ist »B« honoris causa, und sei es auch nur, weil dort Mitte des zwanzigsten Jahrhunderts bekannter- und berühmtermaßen zwei der exotischsten Exemplare der Dubliner Fauna wohnten, nämlich der Schauspieler – *der Schaospielörr* – Micheál Mac Liammóir und sein Lebensgefährte, der Theaterimpresario Hilton Edwards.

Solcherart sind die Enigmata des urbanen Lebens, eines Lebens, das auf seine Weise genauso primitiv und kompliziert ritualisiert ist wie jenes, das auf den Trobriand-Inseln blüht und gedeiht, oder wie das Leben, das auf den weiten Kältesteppen der Arktis bibbert.

• • • • •

Apropos Mac Liammóir und Edwards: Die beiden waren die prominentesten, um nicht zu sagen die unverhohlensten Vertreter des homosexuellen Lebens im Dublin jener Tage. »Schwule« mussten damals eine Menge Spott und Verachtung und zahllose schmutzige Witze über sich ergehen lassen, wohinter freilich, wie stets, ein gewisses Unbehagen steckte, ja sogar eine gewisse Angst. Und doch war Dublin auf seine eigene, ganz spezielle Weise den Homosexuellen, oder zumindest manchen Homosexuellen gegenüber, wesentlich toleranter als London oder selbst New York, und Edwards und Mac Liammóir galten als Dubliner »Originale«, denen man sogar zärtlich zugetan war. Sie führten das Gate Theatre – der sechzehnjährige Orson Welles begann dort seine Karriere als Schauspieler – mit viel Elan und einem, fast könnte man sagen behutsamen Wagemut und leisteten damit einen durchaus glamourösen und großzügigen Beitrag zu dem zugegebenermaßen eher spärlichen kulturellen Leben der Stadt. Als Mac Liammóir 1978 starb, war unter den zahllosen Trauergästen, die sich an seinem Grab einfanden, auch der Taoiseach, der damalige irische Premierminister Jack Lynch, der es sich nicht nehmen ließ, Edwards wie einem hinterbliebenen Ehepartner die Hand zu schütteln und ihm sein Beileid auszusprechen.

Mac Liammóir, der sich in der Öffentlichkeit nie ohne Make-up und eine schwarze, wie nasse Kohle glänzende Perücke sehen ließ, hatte sein ganzes Leben lang vorgegeben, Ire zu sein; nicht nur beherrschte er das Irische fließend in Wort und Schrift, er drückte sich auch ausgesprochen elegant darin aus, obwohl er in Wahrheit als Alfred

THE GATE THEATRE
The Constant Wife
THE GATE THEATRE
By W. Somerset Maugham

Willmore in Kensal Green in London zur Welt gekommen war und nicht einen Tropfen irisches Blut in seinen Adern hatte. Neben seinem Leben als Schauspieler und Schriftsteller in Irland hatte er auch eine internationale Karriere, hauptsächlich beim Film. In Orson Welles' *Othello*-Verfilmung spielte er den Jago, in John Hustons *Der Brief an den Kreml* spielte er ebenfalls mit, und in Tony Richardsons *Tom Jones – Zwischen Bett und Galgen* war er der schmatzend-schmierige Erzähler. Wenn der ein Schmierenkomödiant war, schrieb ich einmal über ihn, dann waren Laurence Olivier, Richard Burton und Peter O'Toole es auch.

Meine Lieblingsanekdote über Mac Liammóir hat mir Seamus McGonagle erzählt, ein Journalistenkollege aus alten Zeiten, dem es selbst weder an Kolorit noch an Esprit mangelte. Seamus bekam als unerfahrener junger Reporter den Auftrag, ein Interview mit dem Schauspieler zu machen. Als er in das berühmte Haus in der Harcourt Terrace kam, durfte er einen der eher dramatischen Auftritte von Mac Liammóir erleben, der in einem seidenen Pyjama, einem chinesischen Morgenmantel und Hausschuhen aus rotem Samt die Treppe hinuntergeschritten kam. Er begrüßte Seamus herzlich, sie begaben sich ins Wohnzimmer, wo Tee serviert wurde, und dann legte der große Mime mit der behäbigen Anmut eines Kreuzfahrtschiffes los, über sein Leben und seine Karriere zu berichten. Während er sprach, erschien plötzlich der Hauskater, sprang Seamus auf den Schoß und fing an, an seinem Hosenschlitz zu kratzen, wie Katzen das eben so machen. Mac Liammóir beachtete das Tier gar nicht, bis er dessen Gekratze und die Verlegenheit, in der mein armer Kumpel sich befand, beim besten Willen nicht mehr ignorieren konnte und seine Rede gerade so lange unterbrach, wie er brauchte, um zu Seamus zu sagen: »Ach, Jungchen, um den müssen Sie sich nicht weiter kümmern – der ist kastriert.«*

• • • • •

Anfang der Sechziger verließ ich die Stadt, in der ich geboren wurde, und zog um nach Dublin. Und »verließ« ist das treffende Wort. Während der ersten achtzehn Jahre meines Lebens, die ich dort verbrachte, war Wexford für mich weiter nichts als eine Zwischenstation auf meinem Weg nach ganz woandershin. Die Stadt war mir so egal, dass ich mir nicht einmal die Mühe machte, mir die meisten Straßennamen einzuprägen. Unter dem Aspekt der schöpferischen Phantasie war diese Gleichgültigkeit gegenüber meinem Geburtsort, seiner Geschichte und den subtilen Facetten des Lebens seiner Bewohner nicht nur hochmütig, sondern auch töricht und verschwenderisch. Dass dort, in meiner unmittelbaren Umgebung, eine Welt existierte, die nicht nur interessant, sondern der Aufmerksamkeit eines

* *The Boys*, eine Doppelbiographie von Christopher Fitz-Simon, ist eine wunderschöne warmherzig und manchmal auch ein wenig scharfzüngige Huldigung auf dieses einzigartige Paar. Mac Liammóirs Memoiren hingegen, die unter dem Titel *All for Hecuba* erschienen, sind zwar höchst unterhaltsam, entsprechen aber in der Sache nicht immer so ganz der Wahrheit …

Künstlers durchaus würdig war – und dass ich in irgendeiner Form Künstler werden würde, daran bestand für mich seit meiner frühesten Kindheit nie ein Zweifel –, das haben Schriftsteller wie Colm Tóibín, Eoin Colfer und Billy Roche mit ihren Werken mehr als bestätigt; alle drei kommen aus Wexford und haben, das gilt ganz besonders für Roche, aus dem, was in meinen Augen, wenn ich es denn überhaupt eines Blickes würdigte, nichts als wertloses Metall war, einen wahren Schatz an reicher Münze geprägt.

Ich könnte mich verteidigen, ja ich könnte sogar die Notwendigkeit für eine solche Verteidigung bestreiten, indem ich sage, dass ich meiner Umgebung in meinem ganzen Leben, ganz gleich, wohin der Zufall mich geführt hat, nie große Beachtung geschenkt habe – ich meine *künstlerische* Beachtung. Als Schriftsteller habe ich mich ohnehin nicht so sehr mit dem beschäftigt, was die Leute *tun* – das mag, wie Joyce mit typisch Joyce'scher Arroganz wohl sagen würde, den Journalisten überlassen bleiben –, sondern eher damit, was sie *sind*. Die Kunst ist ein ständiges Bemühen, die bloßen Alltagsgeschäfte der Menschheit hinter sich zu lassen, um zum Wesentlichen dessen zu gelangen, was es bedeutet, einfach da zu sein, oder wenigstens zu versuchen, dem so nah wie irgend möglich zu kommen. Für den Künstler ist es genauso legitim, sich der Frage des Daseins zu widmen wie für den Philosophen – wie Heidegger höchstpersönlich mit der Bemerkung zugestanden hat, er versuche in seinem Philosophieren nur, das Einzige zu erreichen, was Rilke in der Dichtung bereits getan habe. Er hatte zweifellos Verse wie jene aus Rilkes neunter Duineser Elegie im Sinn, die ausgeht von der Frage, warum wir uns überhaupt bemühen sollten, Menschen zu sein und zu leben, und dann zu dieser herrlichen Antwort kommt:

> ... weil Hiersein viel ist und weil uns scheinbar
> alles das Hiesige braucht, dieses Schwindende,
> das seltsam uns angeht. Uns, die Schwindendsten.
> *Ein*mal
> jedes, nur *ein*mal. *Ein*mal und nicht mehr. Und
> wir *auch ein*mal. Nie wieder. Aber dieses
> *ein*mal gewesen zu sein, wenn auch nur *ein*mal
> *irdisch* gewesen zu sein, scheint nicht widerruf-
> bar.*

Und doch, wenn ich heute zurückblicke auf all die Dinge, die ich in jenen frühen Jahren abgelehnt habe, und daran denke, auf welch wegwerfende, herzlose Weise ich sie abgelehnt habe, dann gibt es mir einen Stich, der, wenn

* Oder in der etwas antiquierten, aber einfühlsamen englischen Übersetzung von Leishman und Spender, in der ich sie kenne:

> ... because being here is much, and because all this
> that's here, so fleeting, seems to require us and strangely con-
> cerns us. Us the most fleeting of all. Just *once*,
> everything, only for *once. Once* and no more. And we, too,
> *once*. And never again. But this
> having been *once*, though only *once*,
> having been *once on earth* – can it ever be cancelled?

nicht Reue, so doch etwas ist, das genauso sehr schmerzt wie diese. Ich hatte einen Ort verlassen, der mir schroff und kleinlich vorkam, in Wahrheit aber zärtlich war und nur zu sehr mit sich beschäftigt, mit seinen eigenen Hoffnungen und Kümmernissen, um sich um mich zu scheren.

Unter all dem, was ich hinter mir ließ, standen an erster Stelle meine Eltern. Da liegen sie, weit weg inmitten der Trugbilder der Erinnerung, wie ein umgestürztes Statuenpaar, vor dem sich die Sanddünen der Jahre angesammelt haben und dessen Gesichter der Wind der Zeit unkenntlich gemacht hat.

Ich habe meinen Vater niemals rennen sehen. Diese bemerkenswerte Tatsache wird mir jetzt, da ich älter werde, immer stärker, immer heftiger bewusst. Natürlich muss er manchmal gerannt sein, wenn es unbedingt nötig war, aber falls er's tat und ich dabei zugegen war, so habe ich keine Erinnerung mehr daran. Sein Leben, das in gleichmäßigem, unaufgeregtem Tempo verlief, war nach allen Seiten beschränkt von den Umständen seiner Zeit, seiner Klasse und der Epoche, in der er lebte. Es gab tatsächlich nichts, wonach es sich für ihn gelohnt hätte zu rennen.

Wenn man sich einmal kurz umschaut* und einen

* noch einmal Rilke, aus der achten Elegie:

> ... we always,
> do what we may,
> retain the attitude of someone who's departing ...
>
> ... dass wir, was immer wir auch tun, in jener Haltung
> sind
> von einem, welcher fortgeht? ...

Blick zurückwirft auf das Leben seiner Eltern, um es mit seinem eigenen Leben zu vergleichen, kann einem schwindlig werden. Bestürzt vergegenwärtige ich mir, dass mein Vater längst im Ruhestand war und im Begriff, mehr oder minder gleichmütig in die Senilität hinüberzugleiten, als er so alt war, wie ich jetzt bin, an der Schwelle der riskanten siebzig. Meine Mutter bot den Beeinträchtigungen des Alters und den damit einhergehenden Schwächungen schon eher die Stirn – sie war Ende fünfzig, als sie sich mit viel Mut und einigem Elan ihre erste Damenhose, wie man damals sagte, kaufte. Mein Vater fand diese Tollkühnheit zutiefst verwirrend und wohl auch einigermaßen beunruhigend. Aber er war schon immer einer von denen gewesen, die am liebsten im eigenen Saft schmoren, im trüben Saft des Kleinstadtlebens, aus dem ihn meine Mutter unentwegt hatte herausziehen wollen.

Vor ein paar Jahren las ich irgendwo einen Bericht über eine vom britischen Ministerium für Arbeit und Renten in Auftrag gegebene Meinungsumfrage – offenbar hatten die Zeitungen an diesem Tag ansonsten wenig Neues zu berichten –, der zufolge die Frauen unter den Befragten fanden, das Alter beginne mit sechzig, während die Männer, die armen Tölpel, meinten, es beginne mit achtundfünfzig. In Anbetracht des enormen Zuwachses an Lebenszeit, über den sich die meisten von uns heutzutage freuen dürfen, haben mich diese Zahlen überrascht; ich bin mir jedoch sicher, meinen Vater hätten sie nicht überrascht, und erst recht nicht meine Mutter.

In Momenten größerer Verzweiflung pflegte meine

Mutter über ihren Mann zu sagen, er sei schon alt zur Welt gekommen. Das war nicht nett und auch kein wirklich faires Urteil. Ich glaube, dass er den Anschein erweckte, vorzeitig gealtert zu sein, lag daran, dass seine Erwartungen so begrenzt waren. Er war sein ganzes Leben lang Büroangestellter bei einer großen Autoreparaturwerkstatt gewesen, die nahezu das ganze County Wexford mit Motorteilen belieferte, war immer in Schlips und Kragen zur Arbeit gegangen, hatte aber über seinem Anzug stets einen braunen Kittel getragen, in dem er wie ein Verkäufer aussah. Paradoxerweise hat er selbst nie Auto fahren gelernt. Aber laufen konnte er gut, und wenn ich mich konzentriere, dann höre ich wieder diesen ganz bestimmten Rhythmus, dieses Klickediklick seiner genagelten Absätze auf dem Pflaster draußen vor unserem Haus.

Morgens ging er zu Fuß zur Arbeit, wofür er ungefähr zwanzig Minuten brauchte. In der Mittagspause kam er zu Fuß heim, aß etwas, las eine Viertelstunde Zeitung und ging dann wieder zurück zur Arbeit. Abends, Punkt sechs, verließ er die Werkstatt, ging über die Straße ins Pub, das seinem Bruder gehörte, trank ein Glas Guinness und machte sich dann auf den Weg nach Hause zu seinem Abendbrot. Fast vierzig Jahre lang hat sich an diesem Ablauf nichts geändert, außer in den Sommermonaten, wenn die Familie an die See zog und mein Vater morgens und abends mit der Bahn pendelte. Damals hab auch ich all das als den notwendigen Zuschnitt und Ablauf seines Lebens akzeptiert, heute jedoch frage ich mich, wie sehr ihm dieser tägliche Kreislauf wohl zuwider war und wie viel diese Monotonie dazu beigetragen haben mag, dass er tief drinnen das Gefühl hatte, irgendwas verpasst zu haben – vielleicht das Glück.

Aber vielleicht ist es arrogant von mir zu denken, sein Leben sei monoton gewesen. Was ich als sterbenslangweilig empfinde, das empfand er vielleicht als wohltuend und als etwas, das dem sinnlosen Streben vorzuziehen war, mit dem so viele andere um ihn herum sich plagten, einschließlich meiner Mutter. Es gibt ein schönes Gedicht von Philip Larkin, dem Barden der Vergreisung; es heißt *Der Nächste bitte* und beginnt mit einer Klage über unsere kindischen Vorstellungen davon, was das Leben doch ganz gewiss für uns bereithält:

> Stets zu erpicht auf die Zukunft, nimmt man
> Die schlechte Gewohnheit der Erwartungshaltung an.

Für meine Mutter war das Leben immer ganz woanders, genau wie für mich. Sie erinnert mich, genau wie ich in meiner Zeit in Wexford, an Tschechows Irina, eingesperrt in der Provinz und voller Sehnsucht nach dem Zauber Moskaus. Doch wie mein Vater war auch sie gezwungen, nach einem bestimmten Programm zu leben. Sie war Hausfrau. Hausfrau sein war ein Beruf – was sie freilich niemals so gesehen hätte –, den sie fleißig und ordentlich ausübte. Sie ging jeden Morgen »in die Stadt« einkaufen, außer sonntags, wenn die Geschäfte geschlossen waren. An den Werktagen mussten der Lebensmittelladen, der

Gemüsehändler, der Fleischer und der Bäcker aufgesucht werden ... wie viele Einkaufstaschen mag sie wohl in ihrem Leben beim »Besorgungen machen« verschlissen haben?

Anders als bei meinem Vater musste ich mich bei meiner Mutter nicht nach den unterschiedlichen Graden ihrer Unzufriedenheit fragen. Der Not gehorchend, nahm sie die allumfassende Enttäuschung mit unerschütterlichem Gleichmut hin, bisweilen aber brach der Frust aus ihr heraus, dann hatte sie ihre Nörgelphasen. Ihre Leseinteressen waren breiter gefächert als die meines Vaters, und ich nehme an, dass das auch der Grund war, weshalb sie eher ahnte, was die Welt anderswo zu bieten hatte und was sie ihrerseits verpasste.

Sie war eine begeisterte Leserin von *Woman* und *Woman's Own*. Mir ist nicht bekannt, wie diese Frauenzeitschriften heute aussehen, und ich kann nur hoffen, dass sie nicht der allgemeinen Obsession erlegen sind, permanent irgendwelche Phantasieberichte über das Leben und die dubiosen Liebschaften irgendwelcher Vorabendserienstars zu bringen; in ihrem damaligen Existenzstadium befassten sie sich jedenfalls hauptsächlich mit der Royal Family, mit Strickmustern und mit Rezepten für solche Köstlichkeiten wie Steak-and-Kidney-Pie und Krabbencocktail – in jener Zeit das Nonplusultra der modernen Kochkunst. Es waren durch und durch harmlose Druckerzeugnisse, obwohl meine Schwester steif und fest behauptet, eine davon habe einmal an einem 1. April einen Artikel gebracht mit der Überschrift »Hübsches Käppchen selber stricken«. Meine

Mutter hätte den Witz garantiert nicht verstanden. Wahrscheinlich versteht ihn heute auch kaum noch jemand, der jünger ist als ich.

Diese beiden in Inhalt und Ton weitgehend identischen Zeitschriften waren für meine Mutter ein Farbtupfer in einer ansonsten ziemlich grauen Zeit. Doch eines Tages in der Beichte, vermutlich in Ermanglung anderer Verfehlungen, die sie hätte bekennen können, offenbarte sie dem Priester, dass sie diese Magazine las – bestimmt hatte er sie gelöchert, ob sie etwa scharf sei auf »schmutzige Bücher«, wie er es wohl genannt haben dürfte –, worauf er ihr prompt ein Verbot auferlegte, sie noch einmal zu kaufen, denn das, so drohte er ihr, sei eine Todsünde. Ich war damals ungefähr fünfzehn und hielt ihr entgegen, der Priester sei ein Dummkopf und habe keine Ahnung, was *Woman* und *Woman's Own* eigentlich für Magazine seien, er halte sie wahrscheinlich für die kleinen Schwestern solcher Skandalblätter wie *Titbits* oder – Gott steh mir bei – *News of the World*. Aber meine Argumente verfingen nicht. Als gehorsame Tochter der Kirche, die sie war, kündigte meine Mutter ihr Abonnement für beide Zeitschriften und war fortan nicht mehr über den Gesundheitszustand der Corgis der Queen oder den letzten Schrei bei der Weihnachtstortendekoration informiert.

Meine Mutter muss zu der Zeit in den Vierzigern gewesen sein. Dass eine Frau in mittlerem Alter sich einem derart absurden und niederträchtigen Verbot unterwirft, kann man sich heute kaum noch vorstellen. Nicht mal in Irland, wo es die Kirche trotz allen Bemühens immer noch nicht geschafft hat, ihre Glaubwürdigkeit bei vielen Katholiken vollends zu verspielen.

Vor fünfzig Jahren sah die Welt ganz anders aus als heute. Während ich hier darüber sinniere, dass mein Vater sein Leben im Schritttempo zugebracht hat, zähle ich im Kopf die Reisen zusammen, die ich in den letzten paar Jahren unternommen habe: Ich war in Nord- und auch in Südamerika, bin quer durch Europa gereist, war in Spanien, Frankreich, Deutschland, Italien, Portugal und Griechenland sowie in Polen und in Estland und bestimmt auch noch in anderen Ländern, die mir gerade nicht einfallen wollen, ich habe wer weiß wie viele Flugmeilen zurückgelegt und infolgedessen immer wieder heftig unter Jetlag gelitten. Solche Reisen hätten nicht nur das Vorstellungsvermögen meines Vaters überstiegen, sondern auch das meiner Mutter, die es ungläubig staunend und in aller Schärfe missbilligt hätte, dass ich so abgestumpft war und mich so wenig auf weitere Reisen freuen konnte, die mich im nächsten Jahr nach neuen fernen Orten führen sollten.

Als ich selbst noch jung war, erschienen meine Eltern mir weder jung noch alt. Für mich war ihr Alter bis in ihre letzten Jahre unbestimmbar, gehörten sie doch im Grunde einer anderen Spezies an, waren beständig, unveränderlich und einfach *da*. Ich kann mich nicht erinnern, Anzeichen ihres Alterns bemerkt zu haben, nicht einmal, als ich nach Dublin umgezogen war und immer seltener »heimkam«, um sie zu besuchen. Sie waren in einer zeitlosen Zone gestrandet, konserviert im Permafrost von etwas, das – für mich – schon angefangen hatte, Vergangenheit zu sein. Fand sich meine Mutter alt, als sie sechzig wurde, so wie die Frauen in dieser britischen Studie? Vernahm mein Vater, als er die achtundfünfzig überschritten hatte, einen fernen, dunklen Glockenschlag?

Heute frage ich mich immer öfter, wie sie *mich* wohl gesehen haben. Als kleiner Junge war ich, glaube ich, nicht unsympathisch – jedenfalls war meine Mutter ganz vernarrt in mich –, aber als Teenager muss ich ein richtiges Scheusal gewesen sein: egoistisch, unzufrieden, distanziert und dabei zugleich anhänglich und von einer herrischen Arroganz, die auf nichts weiter fußte als auf meiner eigenen aufgeblähten Wertschätzung für das, was ich eines Tags erreichen würde. Ich muss eine ziemliche Plage gewesen sein, besonders für meine Mutter, die ja meine ganze Kindheit und Jugend über so viel mehr von mir zu sehen bekam als mein Vater.

Grausam unbekümmert ging ich von zu Hause fort, schüttelte mir Wexfords Staub von den Schuhen und machte mich auf den Weg dorthin, wo ich die strahlenden Lichter von Dublin vermutete. Wie weh muss es meinen Eltern getan haben, mich davongehen zu sehen, so sorglos und fast ohne mich noch einmal umzudrehen. Ich war das letzte ihrer Kinder, und nun war die einst fünfköpfige Familie wieder zum ursprünglichen Zweierhaushalt geschrumpft. Wie einsam muss sich meine Mutter werktags an den Nachmittagen gefühlt haben, ohne die Aussicht, dass ich aus der Schule kam, egal was für ein mürrischer, maulfauler Bursche ich war. Ich stelle mir vor, wie sie die winterliche Dunkelheit über den Feldern gegenüber unserem Haus heraufziehen sah und im Herzen wusste, dass sie die Orte ihrer Träume nie bereisen würde. Gegen Ende ihres Lebens ist sie mit meinem Vater nach Dublin gezogen, wo sich die beiden ein Haus mit meinem allemal freundlichen und unendlich geduldigen Bruder teilten. Aber da war es wohl zu spät, denn Dublin war nun mal nicht Moskau, war nicht einmal das Dublin ihrer Träume, sondern ebendas – nur ein Traum.

Ich war noch keine fünfunddreißig, als meine Eltern beide tot waren. Natürlich habe ich um sie getrauert, doch wie viel von meiner Trauer galt wirklich ihnen und wie viel war in Wirklichkeit nur ein erstes Ahnen meiner plötzlich allzu glaubhaft gewordenen eigenen Sterblichkeit? Sie waren ebenso taktvoll und verhuscht gegangen, wie sie gelebt hatten. Meine Mutter bekam einen Herzschlag, sie ist an einem herrlich goldenen Septembernachmittag, als sie in ihrem Garten Vögel fütterte, tot umgefallen, und ein paar Jahre darauf ist mein Vater in einem Pflegeheim ganz leise erloschen. Ich weiß noch, wie ich, als ich von seinem Tod erfuhr, plötzlich dachte: *Jetzt bin ich Waise.* Da war ich schon verheiratet und hatte selber Kinder, und die Idee, verwaist zu sein, war sicher leicht absurd und doch zugleich vollkommen logisch. Etwas – ich will nicht sagen eine Last, so herzlos bin ich nicht –, etwas war abgefallen, wie eine Klippe, die ins Meer fällt, und mir war dadurch leichter.

Meine jüngste Tochter, wie ich ein letztes Kind, trinkt

unablässig Tee, genau wie meine Mutter früher. Auch geht sie überallhin zu Fuß, anstatt sich mit dem Auto fahren zu lassen oder den Bus zu nehmen. Kürzlich sah ich ihr nach, als sie hinausging ins milchige Licht des Morgens, und ich dachte, irgendwas an ihrem Gang ist mir vertraut – sie geht rasch, tritt mit dem linken Fuß zuerst auf und dreht ihn bei jedem Schritt ein wenig nach außen. Wer war das, überlegte ich, der so gegangen ist? Erst als ich mich schon abgewandt hatte und bloß noch den schnellen, synkopischen Takt ihrer Absätze auf dem Pflaster vernahm, hörte ich in der Erinnerung die Schritte meines Vaters. Am überzeugendsten verfolgen uns die Geister der Toten in Gestalt der Lebenden.

• • • • •

In Dublin ließ ich mich mitten im Herzen von Baggotonia nieder. Meine Tante Nan hatte unterdessen ihre hässliche, beengte Behausung in der Percy Place gegen das schäbige Gepränge einer Wohnung in der Upper Mount Street eingetauscht, die sie sich zunächst mit meiner Schwester teilte und später dann mit mir. Diese Wohnung nahm die gesamte zweite Etage eines dreistöckigen georgianischen Reihenhauses ein und bestand aus zwei riesigen Zimmern mit hohen Decken, großen Schiebefenstern und einem Dielenfußboden aus dem achtzehnten Jahrhundert, der so furchtbar abgetreten war, dass er beim kleinsten Schritt wummerte wie ein Trampolin.

Von dem vorderen Zimmer hatte man einen Teil abgetrennt, um eine behelfsmäßige Küche einzubauen, womit freilich die schönen ursprünglichen Proportionen des Raumes zerstört waren; es versetzte mir jedes Mal einen fiesen kleinen Schlag, wenn ich zur Decke hinaufschaute und sah, wie der Stuck an dieser Trennwand plötzlich abbrach. Der hintere Raum, mein Zimmer, war unverändert geblieben – offenbar seit dem achtzehnten Jahrhundert – und so riesig, dass man ihn einfach nicht warm bekam: Wie oft wachte ich im Winter morgens auf und fand das zwei Meter vierzig hohe Fenster neben meinem Bett von oben bis unten vereist – *von innen.*

Die Wohnung hatte zwei Eingänge, die eigentliche Wohnungstür und eine andere, die von meinem Zimmer direkt auf den Treppenabsatz führte. Auf diese Weise musste ich, wenn ich frühmorgens das Haus verließ oder spätabends heimkam, nicht durch das vordere Zimmer gehen, das Wohnzimmer, in dem meine Tante schlief, deren Bett tagsüber zum Sofa wurde, allerdings zu einem derart klumpigen Sofa, dass keines der Mädchen, die ich in späteren Jahren mitbrachte, bereit war, sich dort hinzusetzen, geschweige denn hinzulegen. In besagtem Wohnzimmer standen ein großer runder Esstisch, dessen originale Schellackpolitur zu einem klebrigen schwärzlichen gummiartigen Belag mutiert war, und vier wackelige Bugholzstühle, die ein panisches Protestgeschrei von sich gaben, wenn man sich daraufsetzte. Die gesamte Wand gegenüber dem Fenster nahm eine Anrichte von der Größe eines Nilpferds ein, deren düster-gräuliche Marmorplatte ein holzgerahmter Belle-Époque-Spiegel

OBEDIENTIA
FELICITAS
CIVIUM URBIS

stützte, in dessen trüben, fleckigen Tiefen mein seltsam hämisches und irgendwie an Jack the Ripper erinnerndes Abbild lauerte.

Ich überlege, was wir in dem Kamin im Wohnzimmer verfeuert haben. Sicher doch Kohle oder Torf, oder auch beides – aber wo haben wir die Brennstoffe gelagert, und, was mich noch mehr beschäftigt, wo haben wir eigentlich die Asche entsorgt? So viele Einzelheiten sind mir entfallen, wie die Pennymünzen, die mir aus den Taschen fielen, wenn ich als junger Bursche mal wieder angetütert heimkam und die Hose über den Stuhl neben meinem Bett warf. Ich habe nie verstanden, was an einem Leben als Bohémien so reizvoll sein soll. Schmutz bleibt Schmutz, egal in welcher Epoche und egal, wie alt man ist, ob in jungen Jahren oder im Alter. Ich habe diese Wohnung in der Mount Street ganz erheblich verschönert, als ich dort meinen Quirke einziehen ließ, den Protagonisten meiner Kriminalromane, die ich als Benjamin Black veröffentlicht habe.

Im Frühling und im Herbst blieb der Kamin aus, und wir behalfen uns mit einem einfachen elektrischen Heizstrahler. Benutzt man heute eigentlich noch Heizstrahler? – Werden die Dinger überhaupt noch hergestellt? In meinen phantasiegeübten Augen ähnelte dieses Gerät jenen grellen fleischfressenden Pflanzen, die mit glutroter, verführerisch zur Schau gestellter Zunge auf einer Dschungellichtung hocken. Aber man konnte gut darauf toasten, mindestens daran erinnere ich mich noch. Ich erinnere mich auch an die ausziehbare metallene Toastgabel, auf die wir die Brotscheiben spießten, ein uraltes Utensil unbekannter Herkunft, schwarz und wie blank gerieben vom Gebrauch.

Seltsam, an wie viel Triviales ich mich noch erinnern kann und wie viel Wichtiges ich vergessen habe.

Im Parterre wohnte ein verschlossenes älteres Ehepaar, er klein und drahtig und mit einem borstigen Oberlippenbart, der Hitler alle Ehre gemacht hätte, und sie ein scheues Wesen, das zu jeder Jahreszeit geblümte Kittelschürzen trug und, falls mir mein Gedächtnis nicht schon wieder einen Streich spielt, einen juwelenbesetzten vergoldeten Kopfschmuck, so was wie ein mit künstlichen Bergkristallen verziertes Diadem. Sollte jemand beim Betreten des Hauses etwa nicht daran gedacht haben, die Haustür so gut wie unhörbar zuzuziehen, kam ihr Mann wie ein Terrier herausgeschossen, um sich über den Lärm zu beklagen, durch den seine »Missus« schwer gestört worden sei. Das war komisch, weil die Missus seinen Angaben zufolge »stocktaub« war. Ich weiß nicht, ob das stimmte oder ob er es sich nur eingebildet hat – ich habe den Verdacht, dass er ein bisschen verrückt war –, denn die Arme hat in all den Jahren, die ich dort wohnte, nicht ein einziges Wort mit mir geredet und mir auch nie Anlass gegeben, meinerseits ein Wort mit ihr zu reden.

Die Wohnung in der oberen Etage des Hauses, also über uns, war überschwemmt – anders kann man es nicht sagen – mit einer Familie aus der tiefsten Provinz, vom Dialekt und vom Benehmen her richtige Bauerntölpel. Wieso und warum sie in die Stadt gezogen waren, das gehörte zu den vielen Mysterien in diesem mysteriösen Haus. Wie viele Leute da oben lebten, war beim besten Willen nicht zu ermitteln, weil sich ihre Zahl von Woche zu Woche änderte; ich nehme an, die Wohnung war so eine Art Ellis Island im Kleinformat, die erste Anlegestelle für Auswanderer, die vom Lande kamen und sich in der Stadt ansiedeln wollten. Die »Landflucht« war damals in vollem Gange, immer mehr junge Menschen ließen die Höfe im Stich, auf denen ihre Familien über Generationen hinweg geschuftet hatten, und folgten, aufgescheucht von dem heraufdämmernden neuen Zeitalter, dem sogenannten *Age of Aquarius,* und den Verlockungen der Fernsehwerbung – RTÉ ging am Silvesterabend des Jahres 1961 erstmals auf Sendung –, dem Ruf der Großstadt. Ein paar Jahre später verkündete Oliver J. Flanagan, ein berüchtigter reaktionärer und nicht zufällig antisemitischer Politiker, im Parlament, vor der Einführung des Fernsehens habe Sex in Irland nicht existiert. Irgendwie verstand man schon, was er meinte, obwohl die meisten von uns – besonders die jungen Männer, wie ich einer war – damals sehnsüchtig darauf warteten, dass die Promiskuität, die Mr Flanagan offenbar allüberall um sich herum grassieren sah, endlich zum Ausbruch kommen möge.*

* Es ist bemerkenswert, dass Flanagan seine Antrittsrede in der Dáil im Juli 1943 dazu nutzte, die Juden anzuprangern, »die vor 1.900 Jahren unseren Heiland ans Kreuz geschlagen haben und die heute jeden einzelnen Tag in der Woche uns ans Kreuz schlagen ... Das eine muss man Deutschland zugutehalten, nämlich dass es die Juden aus seinem Land vertrieben hat. Solange wir die Juden nicht aus diesem Land

Familienoberhaupt der Sippe aus der oberen Etage war ein magerer munterer Alter, entweder ein betagter Vater oder ein junger Großvater – welches von beidem zutraf, habe ich nie in Erfahrung bringen können –, der abends für gewöhnlich mit seiner Fiedel auf der Treppe saß und leise Jigs und Reels und langsame, lieblich klagende Weisen spielte. Er war freundlich und sanftmütig und sehnte sich offenbar nach seinem »Heim«, das er verloren oder auch verlassen hatte. Er hatte eine abgehärmte junge Frau – oder vielleicht war sie auch seine Tochter –, und ein paar Söhne oder Cousins gab es auch, lauter schweigsame Riesen, die sich im Treppenhaus mit rauer Schüchternheit an mir vorbeidrängten. Am meisten beeindruckte mich allerdings ein Mädchen von ungefähr fünfzehn Jahren, ein Geschöpf von unwirklicher, ätherischer Schönheit, blond, blauäugig, mit gebräunten Armen und Beinen, dem die kesse junge Miss Reck aus der Percy Place nicht das Wasser reichen konnte, beileibe nicht: eine sinnliche Lolita, nur ein klein wenig älter als diese, trug sie allemal jene schmollende, mürrische Miene zur Schau, die für Nabokov zu den hervorstechenden Eigenschaften des echten Nymphchens zählt. Wie aus dieser Familie von

vertrieben haben, spielt es nicht die geringste Rolle, was für Anordnungen Sie hier treffen [er redete von den Kriegsnotstandsgesetzen]. Wo die Bienen sind, da ist der Honig, und wo die Juden sind, da ist das Geld.« In den allgemeinen Wahlen im darauffolgenden Jahr bekam er doppelt so viele Stimmen; 1978 wurde er von Papst Johannes Paul I. zum Ritter des Gregoriusordens geschlagen.

lauter grundanständigen Landeiern, denen freilich jeglicher Liebreiz abging, ein Geschöpf von derart atemberaubender Anmut hervorgehen konnte, ist mir schleierhaft – andererseits versichert mir mein Zahnarzt immer, die Ausformung meines Gaumens sei ein unwiderlegbarer Beweis dafür, dass in meinen Adern Inkablut fließe. Inkablut!

Ich glaube, diese Nachfahrin von Lolita war zeitweilig in mich verknallt – so fand ich etwa meinen Namen mit Buntstift innen an die Haustür gekritzelt, dazu ein pfeildurchbohrtes Herz –, wer weiß, was sich zwischen uns entwickelt hätte, wenn sie ein paar Jahre älter gewesen wäre? Sie wurde später ein erfolgreiches Model, und von Zeit zu Zeit sah ich ihr Foto in der Zeitung oder auf den Titelseiten gewisser nicht ganz so glänzender Hochglanzmagazine, deren sich das Land damals rühmen konnte; erwachsen geworden, war sie immer noch schön, doch hatte sich für meinen betrübten Blick mit dem Schmelz der Jugend auch ein wesentlicher Aspekt ihrer Schönheit verflüchtigt.

Sie hatte eine ständige Begleiterin, ein dralles lustiges kleines Persönchen, das sich jedes Mal, wenn es mich zu Gesicht bekam, keuchend das Lachen verkneifen musste. Einige Jahre später kam ich zufällig in Parsons Buchladen an der Baggot Street Bridge, und da stand sie, älter, aber immer noch wohlbeleibt, hinterm Ladentisch und bediente die Kunden; an ihrem Blick erkannte ich, dass sie mich immer noch zum Schreien komisch fand.

Doch halt! Wenn ich's mir jetzt so überlege ... es wäre

immerhin denkbar: War es wirklich die Süße aus der oberen Etage, die in mich verknallt war, oder nicht vielleicht ihre knubbelige Kumpelin? Ich weiß, nach dieser langen Zeit spielt das im Grunde kaum noch eine Rolle, aber trotzdem ...

Die berühmteste Mieterin des Hauses in der Mount Street – das »Upper« wird ab jetzt verschwiegen, außer wenn die Treue zum Detail es erforderlich macht – war Anne Yeats, die Tochter von W. B. Yeats. Sie wohnte auf der Etage unter uns. Hochgewachsen, sehr kurzsichtig, in mittleren Jahren und eine gute, wenn auch etwas hausbackene Malerin, zuzeiten durchaus angesehen, was leider nicht von Dauer war. Sie war freundlich und bescheiden, und hin und wieder blieb ich auf der Treppe stehen, um ein paar Worte mit ihr zu wechseln, mal übers Wetter, mal über den beklagenswerten Zustand der Rohrleitungen im Haus oder auch über den Zeugen Jehovas, der jede Woche mit einer solchen Inbrunst und Beharrlichkeit vorbeikam, dass man ihn einfach nicht abweisen konnte; er trug einen gegürteten Regenmantel und ein Trilby-Hütchen, hatte einen ausgeprägten Cockney-Dialekt und erinnerte »Miss Yeats«, wie meine Tante und ich sie unter uns nannten, an einen geradewegs einer Filmkomödie aus den Londoner Ealing Studios entstiegenen Kleinkriminellen.

Das Sonderbarste, was sich über Miss Yeats berichten lässt, war, dass sie jede Woche eine Lieferung von zwei Unzen frischer Hefe entgegennahm, die sie sich direkt von der Dublin Yeast Company in College Green schicken ließ. Ich sah immer das fein säuberlich in braunes Packpapier eingewickelte Päckchen, das der Briefträger auf dem Tisch im Hausflur hinterlassen hatte, und fragte mich, was Miss Yeats nur mit einer so beträchtlichen und stets gleichen Menge von dem Zeug anfangen mochte. Brot buk sie damit nicht, das hätten wir gerochen, und ich konnte mir nicht vorstellen, wozu sie es bei ihren Gemälden gebrauchen könnte. Ebenso wenig konnte ich mir vorstellen, dass die Tochter von William Butler Yeats, seines Zeichens Nobelpreisträger und umstrittenes Mitglied des irischen Oberhauses, in ihrem Hinterzimmer eine Minibrauerei betrieb. Auch so ein ungelöstes Rätsel aus den Annalen des Hauses Upper Mount Street Nummer – irgendwas in den Dreißigern.

Eines Nachmittags traf ich Miss Yeats zufällig vor ihrer Wohnungstür in Begleitung einer zierlichen alten Frau, die einen schweren Mantel trug und eine große Brille und auf dem Kopf eine Wollmütze, die aussah wie ein umgedrehter Blumentopf. Ich murmelte einen Gruß, und die alte Dame drehte sich um und sah mich an, sah mich einfach bloß an, seelenruhig, ohne Neugier und ohne ein Wort zu sagen. Mir prägten sich die dunklen, beinah schwarzen Augen ein und hinter diesen Augen eine eigentümliche Intensität, die wohl kaum dem unerfahrenen jungen Mann gelten konnte, dem sie zufällig im Treppenhaus begegnet war. Viele Jahrzehnte später hatte ich den Auftrag, Ann Saddlemyers schöne Biographie *Becoming George: The Life of Mrs W. B. Yeats* zu rezensieren, und als ich den Band durchblätterte und mir die Fotos ansah, fühlte ich mich mit einem Mal wieder zurückversetzt zu jenem Nachmit-

tag draußen vor Miss Yeats' Wohnungstür, und da durchzuckte mich ein sonderbarer kleiner Schock, und plötzlich war mir klar, wer die Frau gewesen war, die sich umgedreht und mich mit diesem Blick angesehen hatte, der eigentlich hätte ausdruckslos sein müssen und es doch ganz und gar nicht war.

Georgie Yeats, »Mrs W. B.«, wie jedermann sie in den langen Jahren ihrer Witwenschaft nannte, war allseits bekannt für ihre Gastfreundschaft, ihren beratenden und ermutigenden Beistand, den sie einer Generation von Dubliner Schriftstellern zuteilwerden ließ, die damals gerade ihre Blütezeit, wenn das das rechte Wort ist, erlebte, kurz bevor meine Generation auf den Plan trat und sich bemühte, ihre Vorgänger beiseitezudrängen. Was mich beim Anblick dieser Fotos von Mrs W. B. in Professor Saddlemyers Buch am heftigsten erschütterte, was mich regelrecht erbeben ließ, war die ungeheure Lebhaftigkeit, mit der ich mich an diesen Blick erinnerte, sodass er mir buchstäblich wieder vor Augen stand, dieser Blick, mit dem die alte Frau mich angesehen hatte an jenem Tag im Treppenhaus vor all den vielen Jahren. Georgie Yeats' »automatisches Schreiben«, das ihr Mann gefördert hat und auf das er großen Wert legte, habe ich immer mit Skepsis betrachtet, aber allein schon in Reichweite dieses außergewöhnlichen Blickes gelebt zu haben – einige sagten, ihre Augen waren blau, andere, und ich mit ihnen, haben insistiert, dass sie schwarz waren – wäre Inspiration genug gewesen für jeden Dichter, sogar für einen von der Größe eines Yeats. Noch heute läuft mir ein kalter Schauer über den

Rücken, wenn ich daran denke, wie ich zufällig auf diese Fotos stieß und mich wieder dieser durchdringende Blick traf, geradewegs aus der Vergangenheit.

• • • • •

Zwei Jahre lebte ich mit meiner Tante in einer manchmal recht geselligen, häufiger aber eher unbehaglichen Wohngemeinschaft, bis sie plötzlich – entsetzlich plötzlich – starb. Sie hatte jahrelang an Angina Pectoris gelitten, und eines Abends – sie saß in der Wohnung einer liebenswürdigen jüdischen Familie, auf deren Kinder sie mitunter aufpasste, auf der Couch – hauchte sie ohne viel Aufhebens ihr Leben aus, so leise, dass die Kinder, die zu ihren Füßen spielten, nicht einmal merkten, dass sie tot war, bis der Vater heimkam und sie dort sitzen sah, leblos und, wie ich hoffe, endlich in Frieden.

Ich war zu der Zeit unterwegs zu den griechischen Inseln, und meine Familie, taktvoll, wie sie nun mal ist, hat versucht, mich auf Mykonos zu erreichen, leider ohne Erfolg, sodass ich, als ich wieder nach Hause kam, braun gebrannt, in den Haaren noch das Salz der Ägäis – wie lang wir uns die Locken wachsen ließen, damals, in jenen haarigen Zeiten! –, die schlimme Nachricht mit einer Art zerstreuter Ungläubigkeit aufnahm. Sie war doch so voller Leben gewesen, wie konnte sie auf einmal tot sein? Jetzt rufe ich mir ihre Respektlosigkeit in Erinnerung, diese grimmige Lustigkeit, die sie hatte, ihr wildes Lachen, ihre Verachtung für die scheinheiligen, humorlosen Dummköpfe, die sich groß aufspielten, bloß weil sie ein Amt hatten. Ich erinnere mich an die Lammkoteletts, die sie so liebevoll für mich bereitete. Ich erinnere mich an die pelzgefütterten Stiefel, ihr Lieblingsschuhwerk, sommers wie winters. Ich erinnere mich, dass sie den Vater von Audrey Hepburn kannte, der am Fitzwilliam Square wohnte und, es hätte sie bestimmt überrascht, das zu erfahren, ein begeisterter Anhänger der Nazis war. Ich erinnere mich an die allzu seltenen Abende, wenn wir zusammen vor dem kleinen elektrischen Heizstrahler saßen und Brot getoastet und uns unterhalten haben … worüber eigentlich? Vergessen, alles vergessen. An jenem Abend, als ich vom Flughafen kam und im Haus meiner Schwester erfuhr, dass unsere Tante Nan gestorben war, da war ich jung und herzlos, und die geistige Befreiung, die ich in Griechenland gefunden hatte, war für mich realer als der Tod einer alternden Verwandten.

Verzeih mir, liebe alte Tante; verzeih dem jungen Scheusal, das ich war und, wie ich mit Bedauern sagen muss, nie ganz aufgehört habe zu sein – ich bin jetzt alt oder zumindest älter, doch das innere Ungeheuer bleibt ewig jung.

• • • • •

Mir ist so viel erspart geblieben. Ich kehrte zurück in die Wohnung in der Mount Street, mit dem Kopf immer noch halb auf jener felsigen Insel in der dunkelindigoblauen Ägäis – damals war Mykonos noch ein unverdorbenes Paradies, in dem es nicht nur keinen Flughafen, sondern auch keine gepflasterten Verkehrsstraßen gab. Meine liebevolle und mit mir als Bruder schwergeprüfte Schwester kam und schaffte Tante Nans Sachen weg. Eigentlich wäre es an mir gewesen, diese schmerzliche Pflicht zu übernehmen; es wäre an mir gewesen, solch eine mit heftigsten Emotionen einhergehende Aufgabe durchzustehen. Doch nein, ich war ja das Nesthäkchen der Familie, der Kleine, der von allen beschützt wurde und den man vor den grausameren Belastungen im Leben bewahren musste.

4
Auf der Straße

ICH HÄTTE IN KEINER SCHÖNEREN GEGEND wohnen können. Der Blick vom Natural History Museum über den Merrion Square und die Mount Street bis zur Kirche St Stephen's, der Pfefferbüchse, wie sie liebevoll genannt wird, zählt zu den schönsten und würdevollsten Aussichten in sämtlichen Weltstädten, die ich kenne oder bereist habe. Leinster House*, ursprünglich Kildare House, heute Sitz der Regierung, wurde um 1740 von James FitzGerald, Earl of Kildare, auf einem nicht sonder-

* Maurice Craig bezweifelt die These, dass das Weiße Haus in Washington eine Kopie von Leinster House sei. Allerdings wurde der Architekt des Weißen Hauses, James Hoben, im County Kilkenny geboren, studierte Architektur an der Dublin Society's School, »wo er 1780 mit einem Preis für ›Treppen, Dach &c.‹ ausgezeichnet wurde und 1792 den Wettbewerb für das Weiße Haus gewann«.

lich gut geeigneten, morastigen Areal südlich der Liffey erbaut. Der Standort mochte wenig für sich haben, doch der umsichtige Earl prophezeite, dass ihm die Crème de la Crème schon sehr bald folgen werde, und er sollte recht behalten: Noch vor dem Ende des Jahrhunderts war die Mehrzahl der Aristokraten der Stadt nach Süden, ans andere Ufer des Flusses, gezogen. Was dazu führte, dass im nächsten Jahrhundert reiche Gegenden wie die Henrietta Street und der Rutland Square der Verwahrlosung und dem Mietwucher anheimfielen, wodurch sich die nördliche Innenstadt in einen der übelsten Slums Europas verwandelte.

Unterdessen entstand rund um Leinster House ein Gitternetz von eleganten Straßen und Boulevards, wovon ein großer Teil bis heute erhalten und in Gebrauch ist, obwohl die meisten dieser schönen alten Häuser Bürogebäuden weichen mussten.

Als ich hierherkam, war das georgianische Stadtbild noch zum größten Teil erhalten, aber vieles war auch schon verschwunden. Tatsächlich hat von Dublin, wie Maurice Craig erst 1992 betonte, »viel mehr überlebt, und zwar in einer vernünftigen Größenordnung, als man meinen könnte, wenn man das Gejammer derer hört, die seine Zerstörung beklagen«, und dennoch hat die Stadt in den Nachkriegsjahren und bis Ende der 1960er Jahre erschreckende Schübe von amtlich sanktionierter Abrisswut erlebt. Die ultranationalistischen Ideologen, die damals am Ruder waren, hatten nicht viel Sinn für die Schönheiten der georgianischen Architektur, und für viele von ihnen war das georgianische Dublin in der Tat so etwas wie ein verhasstes Denkmal zu Ehren unserer britischen Kolonisatoren, die im Unabhängigkeitskrieg Anfang der 1920er Jahre vertrieben wurden.* Darum wurden großzügige Genehmigungen zu seiner weiträumigen Schleifung erteilt, und »viel kluge schöne Dinge«, wie Yeats sagt, einfach abgerissen. Ein besonders betrüblicher Fall von urbaner Verstümmelung war der Abriss eines großen Teils der südlichen Fitzwilliam Street zugunsten der Zentrale des Electricity Supply Board, eine jener Erschließungen, gegen die Daithí Hanly so leidenschaftlich aufbegehrt hatte. Wäre der Staatssäckel damals in einer gesünderen Verfassung gewesen, dann wären wahrscheinlich noch viele andere derartige Straßen ausradiert worden, um Platz zu schaffen für den Neo-Brutalismus. Es gab sogar einen Plan, den Grand und den Royal Canal zu verfüllen und sie mit Superstraßen zu überbauen – mit Abwasserkanälen darunter. Und das von Büschen und Sträuchern gebildete grüne Herz des wunderschönen

* Ich erinnere mich, dass mir die Archäologin Máire De Paor in den achtziger Jahren einmal erzählte, wie sie bei irgendeinem öffentlichen Anlass Gelegenheit hatte, mit Charles Haughey, unserem damaligen Taoiseach, zu reden, der sich – in mancher Hinsicht nicht einmal zu Unrecht für einen kultivierten Menschen hielt; sie bat ihn eindringlich, eine Sammlung von kostbaren georgianischen Silbergerätschaften zu kaufen, die versteigert werden sollte und dem Land verloren zu gehen drohte. Worauf ihr Haughey mit seiner berühmten knarzenden Stimme entgegnete: »Die Briten können ihre verdammten Löffel gerne kriegen.«

Merrion Square, das damals im Besitz der katholischen Kirche war, ist nur knapp der Errichtung einer Monsterkathedrale entgangen, die der unsägliche Erzbischof McQuaid* an dieser Stelle bauen lassen wollte.

1969 erhielt die Green Property, eine Wohnungsbaugesellschaft mit engen Beziehungen zur Regierungspartei Fianna Fáil und, wie es der Zufall wollte, mein Vermieter in der Mount Street, vom damaligen Minister für kommunale Angelegenheiten die Genehmigung zum Abriss eines beträchtlichen Teils der Hume Street, die von der Ely Place direkt zum St Stephen's Green führt und ebenfalls ein Juwel georgianischer Baukunst darstellte. Als sich dieser Plan herumsprach, wurden die Gebäude umgehend von einer Gruppe von Architekturstudenten besetzt, denen sich gerade noch rechtzeitig eine Reihe bekannter Persönlichkeiten anschloss, darunter der Abgeordnete und spätere Taoiseach Garret FitzGerald sowie die nachmalige Präsidentin Irlands, Mary Robinson. Doch Green Property schickte bei Nacht und Nebel einen Abrisstrupp, der die Dächer und einen Großteil der Innenräume der Häuser demolierte. Das Unternehmen wurde schließlich gezwungen, anstelle der echten georgianischen Häuser, die es hatte abreißen lassen, gefälschte zu errichten – »keineswegs

* Der, wie mir gerade auffällt, auf diesen Seiten immer wieder mal auftaucht, ein bisschen wie das Kasperle im Puppentheater, und wenn ich so darüber nachdenke, erinnerte er äußerlich in der Tat ein wenig an den dreisten Schelm mit seiner Pritsche, den man früher auf dem Jahrmarkt sehen konnte.

überzeugende, als Replikate maskierte Paraphrasen«, wie Maurice Craig verächtlich urteilte; der Rest der Straße wurde jedoch gerettet.

Es mag seltsam klingen, aber irgendwie scheint das alles komplett an mir vorbeigegangen zu sein. Dublins Vergangenheit hat mich damals, ehrlich gesagt, herzlich wenig interessiert und seine Gegenwart im Grunde auch nicht groß. Was kümmerte es mich, dass Dublin in seiner Blütezeit die zweitwichtigste Stadt des Britischen Empire gewesen war und »die schönste klassische Stadt Europas«, wie der Architekturhistoriker Mark Girouard schreibt – oder dass es einzigartig war, weil es zwei große Kanäle hatte, oder dass der Duke of Wellington in der Merrion Street geboren wurde, gegenüber dem heutigen Amtssitz des Taoiseach? Für mich als angehenden Schriftsteller war klar, dass Joyce die Stadt seinen literarischen Zwecken unterworfen und sie dadurch *ver*braucht hatte – genauso wie Kafka den Buchstaben K – und sie folglich als Schauplatz meiner Romane nicht mehr zu *ge*brauchen war. Es stimmt, einige meiner frühen Kurzgeschichten spielen erkennbar in Dublin, aber sie hätten genauso gut in London, Paris oder meinethalben auch in Moskau spielen können. Erst viel später, als ich meinen dunklen Bruder Benjamin Black erfand, erkannte ich das Potenzial, das das Dublin der 1950er Jahre als Kulisse für seine Noir-Romane hatte.

Und so habe ich Dublin lange Zeit weitgehend ignoriert, genauso wie ich Wexford ignoriert habe. Wieder einmal versuche ich mich damit zu trösten und vielleicht sogar zu entlasten, dass Künstler nun einmal so arbeiten, dass für sie die Phantasie der einzig wahre Ort ist, an dem sie in vollen Zügen leben können. Doch überzeugt mich das? Vor ein paar Jahren bat man mich um einen Beitrag zu einer Sammlung von Sechs-Worte-Geschichten nach dem Muster von Hemingways Meisterwerk und zugleich einem seiner besten Texte: »Günstig zu verkaufen: Babyschuhe, nie getragen.« Mein Beitrag zu dem Band mag wie ein Scherz aussehen, enthält jedoch eine ernste, bittere Wahrheit: »Hätte mehr leben sollen, weniger schreiben.«

Und dennoch war ich glücklich in jenen ersten Jahren, nachdem meine Tante gestorben war und ich ihre auf neunundneunzig Jahre gepachtete Wohnung in der Mount Street übernommen hatte – jedenfalls glücklicher, als mir damals klar war. Und wie hab ich es geliebt, mein ganz spezielles Stückchen Dublin! Heute erkenne ich, dass ich ungeachtet aller kosmopolitischen Ambitionen vom Gefühl her im Wesentlichen ein Kleinstadtmensch bin und Baggotonia, dessen Proportionen denen von Wexford entsprachen, für mich die ideale Wohngegend war, über deren Grenzen ich mich nur widerstrebend hinauswagte. So kam es, dass ich beispielsweise im Hinblick auf die mittelalterlichen Stadtviertel, die Gegend rings um Swifts St Patrick's Cathedral und die Guinness-Brauerei, oder, nach Norden hin, das sogar noch ältere Dorf Howth und seine Umgebung von einer geradezu blamablen Ahnungslosigkeit war. Und dabei sollte ebenjenes Howth schließlich mein Lebensmittelpunkt werden, damals, als es noch ein prosperierendes Fischerdorf war; ich kann mich erinnern, dass ich mit meinen beiden kleinen Söhnen oft zum Westpier hinuntergegangen bin, wo wir den Fischern in ihren Holzpantinen dabei zusahen, wie sie Salzheringe für den Export nach Großbritannien und nach Skandinavien in kleine Fässer verpackten; diese Szenen haften mir im Gedächtnis, bunt und voller Leben – und altmodisch, wie Genrebilder von einem der weniger bedeutenden niederländischen Meister.

Rein gar nichts wusste ich über die Vororte und zuckte verstört zurück, wenn ich mir all die viele Hektar großen, dicht an dicht mit Wohnhäusern und rußgeschwärzten Fabriken bebauten Flächen vorstellte, unterbrochen nur hier und da von ein paar vollgemüllten Streifen Grün, wo Landfahrerkinder auf ungesattelten gescheckten Ponys umhergaloppierten und wo in meiner überhitzten Phantasie von solchen Orten junge Männer mit wildem Blick und Brillantine im Haar in Bandenkriege verwickelt waren, wo Ehefrauen geschlagen und Mädchen geschwängert wurden und wo bei Nacht die Pubs, so groß wie Scheunen, von trunkenem Getöse dröhnten und das ganze Leben rettungslos verkommen war.

Was war ich doch für eine Mimose, was für ein bornierter junger Mann, ein eingebildeter Schnösel ohne irgendwas, worauf ich mir was hätte einbilden können.

• • • • •

Schon in den frühen sechziger Jahren gab es in der Mount Street nur wenige Privatwohnungen, und wenn abends um sechs die Büroangestellten nach Hause gegangen waren, legte sich eine große traumverlorene Stille über das ganze Viertel. Auch die Wochenenden waren wunderbar ruhig. Einmal an einem in zitronenfarbenes Sonnenlicht getauchten Julisonntag ging ich um jene menschenleere Stunde, wenn der Morgen dämmert, die Mount Street entlang, als ich aus einem offenen Mansardenfenster eine Frau hörte, die sich in der Ekstase des Liebesakts vergaß, ihre Schreie wie eine Folge immer schneller werdender, in immer kürzeren Abständen aufeinanderfolgender kurzer Nadelstiche in der scharf geschnittenen Luft.

Und da wir gerade von Liebe sprechen und von ihren verwirrenden Verzückungen: Die Sommermonate waren auch die Zeit, in der die Prostituierten ans Licht kamen, ach ja, die Mount Street – nomen est omen! –, und ihrem verkehrsreichen Gewerbe nachgingen. In solchen weißen Nächten sorgten die Autos, die unter meinem zur Straße gelegenen Fenster langsam hin und her fuhren, vom Anbruch der Dunkelheit bis in die frühen Morgenstunden für ein permanentes Rauschen, das sich wie ein rasch fließender Strom anhörte. Es ging das Gerücht, in einem der Häuser oben im Mount Street Crescent, gleich neben der Pfefferbüchsenkirche, betreibe jemand ein Bordell, ich bin allerdings nie dahintergekommen, in welchem. Sei's drum, die meisten der »Mädchen« lungerten auf der Straße herum und warteten auf Kundschaft, obwohl sie irgendwo in der Nähe ein Zimmer haben mussten, vielleicht im Labyrinth der Gassen und Gässchen zwischen der Upper und der Lower Mount Street. Besonders lebhaft sind mir zwei gespenstergleiche Geschöpfe in Erinnerung, womöglich Schwestern, die, in knappe rabenschwarze Fummel gewandet, als Paar arbeiteten, sicher aus Geselligkeit, womöglich auch zu ihrem Schutz, und die immer ein melancholisches Lächeln für mich hatten, obwohl sie auf Anhieb wussten, dass ich nicht das Zeug zum Freier hatte. Ich hätte sie gern gefragt, wie sie lebten und was passiert war, dass sie auf den Strich gingen, aber ich war immer zu schüchtern, um stehen zu bleiben und sie anzusprechen. Ob es sie wohl noch gibt, irgendwo, verheiratet vielleicht, mit erwachsenen Kindern? Schwindelerregende Spekulationen. Vielleicht haben sie es ja irgendwie geschafft, auszusteigen und zu überleben, vielleicht sogar gut zu leben?

Vielleicht.

Es gab auch eine viel ältere Frau – sie muss in den Fünfzigern gewesen sein, fett und ungepflegt –, die hinkte und mit ihrem dicken Gehstock den Takt schlug. Und die zwar alt und lahm, aber trotzdem überraschend geschäftstüchtig war. Einmal an einem warmen Sommerabend kam ich aus dem Haus, und sie trat unten an der Vortreppe mit der Ausrede auf mich zu, sie brauche Feuer für ihre Zigarette. Ich murmelte, dass ich keine Zündhölzer hätte, und ging eilig weiter, eher ängstlich als angewidert. Als ich um Mitternacht wieder heimkam, war sie immer noch da; sie sah frustriert und ungehalten aus – es war wohl wenig los in dieser Nacht. Wieder zeigte sie mir ihre unangezündete Zigarette und fragte nach einem Streichholz, doch als ich mich an ihr vorbeischob, rief sie mir müde nach: »Gott, Junge, ich wollt' doch wirklich nichts weiter von dir als

Feuer für meine Kippe.« Ich versuche, mich an ihr Gesicht zu erinnern, und sehe nur hohle rougegerötete Wangen und einen bemalten Mund. Sie ist bestimmt schon längst nicht mehr am Leben. Ich frage mich, wo und unter welchen Umständen sie wohl geendet sein mag, und mich schaudert.

Einmal, ein einziges Mal nur, fand ich den Mut, genauer gesagt, ich hatte ihn mir angetrunken, auf dem Heimweg von einer Party eine dieser traurigen Nachtgestalten anzusprechen. Und sie war in der Tat fast noch ein Kind, lehnte am Merrion Square im Dunkel an einem Geländer – und wenn da nicht dieser pulsende Glühwurm gewesen wäre, das Leuchten ihrer brennenden Zigarette, ich hätte sie vielleicht gar nicht gesehen. Sie war mitleiderregend hübsch, hatte ein kleines Mondgesicht und einen Pony, unter dem die Augen fast verschwanden. Als ich stehen blieb, sah ich, wie sie ihre Kraft zusammenraffte, um das Geschäft des »Geschäftemachens« in Angriff zu nehmen. Ich ließ sie aber ganz schnell wissen, dass mich diese Art Geschäft nicht interessierte. Daraufhin waren wir beide verwirrt und standen einen Augenblick hilflos schweigend herum, während die Büsche hinter dem Geländer ihr verträumtes nächtliches Gemurmel von sich gaben. Dann hörte ich mich fragen, ob ihr Vater wisse, dass sie so spät in der Nacht noch hier draußen sei. Zuerst war sie verblüfft, doch dann blitzte in ihren Augen etwas wie säuerliche Heiterkeit auf. »Na klar«, sagte sie mit einem trockenen Kichern, »klar weiß der das.« Die Worte waren nichts, aber ihr Ton sprach unverkennbar von jahrelanger Vernachlässigung,

SIGNAGE
MAYE'S
STRENGTH

Missbrauch und Grausamkeit. Das war zu viel für mich, schuldbewusst wandte ich mich ab und schlich mich durch die Nacht davon, ging weiter meiner Wege.

Wie greift's uns doch ans Herz, das unergründliche Geheimnis vom Leben anderer Leute, ihrem Unglück.

Ich fand es faszinierend, an jenen fiebrigen Sommerabenden auf meiner alten Fensterbank zu sitzen und, solange es draußen hell war, eingehend zu beobachten, was unten auf der Straße vor sich ging. Es war verwirrend, wie wohlanständig und »normal« die Männer aussahen, die sich dort herumtrieben. Ich gehe davon aus, dass die meisten verheiratet waren, nur fragen Sie mich bitte nicht, worin sich ein verheirateter Mann rein äußerlich von einem unverheirateten unterscheidet. Wenn sie Ehemänner waren, dann waren sie vermutlich auf »etwas Besonderes« aus – so was wie der dritte Champagner-Piccolo, den mir eine Stewardess, wie sie damals noch genannt wurden, von Aer Lingus augenzwinkernd und mit anzüglichem Lächeln aufdrängte und mir dabei zuflüsterte: »Na, nun zieren Sie sich mal nicht so, das ist, wie wenn Sie einen geblasen kriegen, zu Hause gibt es so was eher selten.«

Es kamen Freier jeder Art und Form und, soweit ich erkennen konnte, auch aus allen Klassen. Damals machte eine Geschichte die Runde, wonach eines Nachts ein bekannter Minister in eindeutiger Absicht die Mount Street entlangfuhr, immer schön nah am Bordstein, und so damit beschäftigt war, ein passendes Mädchen zu erspähen, dass er ein Warnschild »Achtung! Straßenarbeiten!«

übersah und seinen Jaguar mit einer Seite in einen tiefen Graben setzte, den Arbeiter von der Post am selben Tag ausgehoben hatten, um Telefonleitungen zu verlegen. Der feine Herr bekam es mit der Angst zu tun, er stieg aus und rannte weg. Selbstverständlich wurde die Sache vertuscht: Mitten in der Nacht kam ein Trupp Polizisten in Zivil, hievte das Fahrzeug aus dem Graben und schleppte es diskret ab. Die Mädchen auf der Straße haben sich köstlich über den Vorfall amüsiert, war der Politiker doch ein Stammkunde und berüchtigt für seine sexuelle Unersättlichkeit; nach jener Nacht gaben sie ihm den Spitznamen »Holy Joe« …

Und jetzt auf einmal holt der Gedanke an diese Arbeiter und jenen Graben etwas wieder aus der Beinah-Vergessenheit der Zeit herauf, nämlich die Erinnerung an eine Begegnung mit einem Mann in einem Schacht – ich frage mich, ob er vielleicht zu jenen Arbeitern von der Post gehört hat, die mit ihrem Tagewerk für Holy Joes kleines Missgeschick gesorgt hatten. Ich überquerte gerade die Straße, da ging der Deckel des Kanalschachts hoch, genau in dem Moment, als ich meinen Fuß daraufsetzen wollte. Ein Kopf mit Schutzhelm kam heraus, der Bursche starrte zu mir hoch. Er sah sich verwirrt nach allen Seiten um und fragte unvermittelt: »Ist der Krieg vorbei?« Witzbolde gibt es halt in jedem Beruf.

• • • • •

Diarmuid Ó Grádas Buch *Georgian Dublin: The Forces that Shaped the City** ist eine elegant geschriebene, sorgfältigst recherchierte, schön gemachte und vor Empörung brodelnde Studie, die sich genauso auf die Verwahrlosung und das Elend im Dublin des achtzehnten Jahrhunderts konzentriert wie auf seine architektonische und kulturelle Großartigkeit. Diese Großartigkeit ist es auch, so schreibt Ó Gráda, auf die alle früheren Autoren von Büchern über Dublin das Hauptaugenmerk legten. Es wäre allerdings »nicht richtig«, konstatiert beziehungsweise unterstellt er, aus der bis heute erhalten gebliebenen Pracht den Schluss zu ziehen,

> dass Dublin in der zweiten Hälfte des achtzehnten Jahrhunderts zu den am besten geführten europäischen Hauptstädten gehörte. Ganz im Gegenteil, Überbevölkerung und Dreck erreichten in Dublin geradezu legendäre Ausmaße, und es gab Phasen, in denen die Stadt außer Kon-

* Man könnte meinen, Ó Grádas Bewusstsein sozialer Unterschiede sei schärfer als das von Maurice Craig. Doch was die Gegensätze zwischen der Aristokratie und der übrigen Bevölkerung im georgianischen Dublin angeht, so macht auch Craig sich keine Illusionen: Im Hinblick darauf, wie viel von der Altstadt gegen Ende der vierziger Jahre, als er sein Buch schrieb, noch intakt war, bemerkt er: »Die Armut war zum großen Teil das Konservierungsmittel, und die wirtschaftlichen Verbesserungen, die bald darauf in Gang kamen, kann niemand bedauern.«

> trolle zu geraten drohte. Dieses Chaos war hauptsächlich der Unruhe der Namenlosen geschuldet.

In einem quälend zu lesenden Kapitel über die Prostitution schildert der Autor die Dimension dieser fortschreitenden Katastrophe, in der so viele Frauen ausweglos gefangen waren. Mädchen, die neu vom Lande kamen und von denen die meisten kein Wort Englisch konnten, verdingten sich als Dienstmädchen in privaten Haushalten, wo sie häufig missbraucht wurden und ihnen nichts weiter übrig blieb, als auf den Strich zu gehen. Hinzu kommt, dass immer mehr Männer traditionelle Frauenberufe ausübten wie »das Friseurhandwerk, die Korsett- und die Schuhmacherei und« – sogar – »in der Geburtshilfe tätig waren oder Unterricht in Musik und Tanz, Schreiben und Fremdsprachen« erteilten. Wie hoch der Anteil der Frauen war, die ihren Unterhalt mit Prostitution bestritten, schrieb er, könne nur vermutet werden, wobei

> die Anzahl der verhafteten Frauen ... Rückschlüsse auf den Umfang des Gewerbes zulassen dürfte. So wurden beispielsweise im September 1788 bei einer einzigen Razzia auf der Copper Alley siebzehn Frauen wegen ›Sichanbietens‹ festgenommen. Ein paar Nächte später griffen Wachmänner rund um St Stephen's Green zwei-

> unddreißig Frauen auf. Und, was noch dramatischer ist, im Juli 1799 wurden rund um das Rotunda Hospital und St Stephen's Green innerhalb von achtundvierzig Stunden einhundertfünfzig Prostituierte festgesetzt.

Auch die Einkommensverhältnisse sagen einiges aus. Die Zuhälterin Margaret O'Brien verließ die Stadt mit einem Vermögen von sechshundert Pfund; Margaret Leeson, »die Große Alte Dame der Dubliner Bordellwirtinnen«, kaufte sich, als sie sich 1792 zur Ruhe setzte, ein Haus in Blackrock, ebenfalls für sechshundert Pfund. »Elizabeth McClean, eine der erfolgreichsten Bordellbetreiberinnen der Stadt, hatte, als sie 1798 heiratete, eine Mitgift von £ 4.000.« Das waren in der Tat sehr hohe Summen, erläutert uns Ó Gráda, denn: »Die heutigen Preise wären in vielen Fällen einhundert Mal höher als jene in der georgianischen Ära.«

Love, oh, careless love …

• • • • •

Ich bin der Überzeugung und werde dies auch jedem Fachmann gegenüber verteidigen, dass die Backsteine, aus denen ein so großer Teil des georgianischen Dublin gebaut ist, eine ganz besondere und einzigartige Qualität haben. Man spricht von Häusern aus »rotem Backstein«, dabei kommt Rot an letzter Stelle: Die Farbpalette reicht von

DUBLIN TOURISM
SENATOR
WILLIAM
BUTLER YEATS
1865 - 1939
POET & PLAYWRIGHT
LIVED HERE 1922 - 1928

Rosarot über Kadmiumgelb und Ocker bis hin zu einem kalkigen Krapprot und gebrannter Siena, und manchmal gibt es Flecken, winzige Flecken von dunkel glänzendem Blauviolett, das nur im Licht gewisser Spätsommerabende hervorzukommen scheint. Mit jeder Stunde, die verstreicht, wechseln die Nuancen, von wässriger Blässe am frühen Morgen zum leuchtenden Schatten der Abenddämmerung. Und wenn es regnet, glänzt der Backstein und glitzert wie die Flanken eines Rennpferds im Galopp. Selbst bei Nacht geht ein schwaches, wächsernes Leuchten von ihnen aus, das den Häusern ein irgendwie schmallippiges, geheimnisvolles Aussehen verleiht, als würden sie nachdenken und die Ereignisse des Tages unten auf der Straße verdauen, deren stumme, wachsame Zeugen sie waren. Und die großen Fenster, wie sie blinken und blitzen, weiß glühend, wenn die Sonne auf sie fällt, speziell im Morgengrauen und bevor die Nacht anbricht, dann scheint es so, als ob sie selbst die Quelle jenes Leuchtens seien, das von ihnen ausgeht.

Die Stadt atmet, sie hat ihr eigenes Leben, losgelöst von uns, ihren Parasiten, ihren Termiten, ihrem unbarmherzigen, wimmelnden Virus.

• • • • •

Über das literarische Dublin in der Zeit ungefähr vom Beginn des Zweiten Weltkriegs – ein Krieg, der im neutralen Irland bekanntermaßen *der Notstand* genannt wurde – bis in die Mitte der sechziger Jahre, als es mit dem rasch aufeinanderfolgenden Ableben von Brendan Behan, Flann O'Brien und Patrick Kavanagh, drei der berühmtesten »Originale« der Stadt, praktisch zu Asche wurde, ist viel geschrieben und noch viel, viel mehr geredet worden. Von den Jüngeren lebten freilich viele weiter und erlebten ihre Blütezeit: Thomas Kinsella, der Poetas laureatus von Baggotonia – siehe sein schönes Gedicht *Baggot Street Deserta,* das die damalige Zeit so wunderbar zum Schwingen bringt*; der in Brooklyn geborene John Montague, der die rauen Gefilde seiner Kindheit in Tyrone, seinem Heimatcounty, aufgab für Dublins schäbigen Glanz; der Dichter und Kritiker Anthony Cronin, der mit *Dead as Doornails* nicht nur eines der besten, sondern auch eines der anerkanntermaßen gescheitesten Bücher über diese Zeit geschrieben hat; Mary Lavin**, die wundervolle und schändlich ignorierte Verfasserin von Short Storys, die in der Lad Lane auf der anderen Seite der Upper Baggot Street wohnte, und der legendäre – was für ein abgedroschenes Wort, aber in diesem Fall das einzig

* Weit das Fenster aufgemacht,
Davor ein wimmelnder Sternenbogen, und die Nacht
Reagiert sacht auf die mathematische
Leidenschaft einer Cello-Suite …

** Die Mutter meiner lieben, mir verlorenen Freundin Caroline Walsh, die nicht mehr unter uns weilt und die meine Nachfolgerin als Redakteurin des Literaturteils der Irish Times war. Caroline fehlt mir noch immer, ich vermisse ihre Freundlichkeit, ihre Fröhlichkeit, ihre Respektlosigkeit und ihre Integrität.

passende – J. P. »Mike« Donleavy, Autor des Romans *Ginger Man.*

Übrigens wurde der Maler Francis Bacon in der Baggot Street geboren, der allerdings keine Zeit verlor und nicht allein der Straße, sondern auch dem Land schnellstmöglich den Rücken kehrte.

Bestimmt wird man mich schelten, wenn ich sage, dass unter den Legenden diejenigen, die am lautesten waren, reichlich wenig zustande gebracht haben, doch das wenige, was sie zustande brachten, war reichlich kostbar. Der Nabel ihrer rauen Welt war das McDaids, jener Pub in einer Seitenstraße der Grafton Street, in dem so manches Meisterwerk zu dünner Luft zerredet wurde und im Alkoholdunst entschwand. In meinen Augen haben die McDaidianer in ihren besten Zeiten aus einer schlechten Zeit und einem schlechten Ort das Beste rausgeholt und es geschafft, nicht nur ein bisschen Spaß zu haben, sondern dabei sogar auch noch ein bisschen was zu arbeiten. Aber sie lebten in einer Zeit, in der es keine Disziplin gab, und außerdem fehlte es ihnen an lebenden Vorbildern. Ihre Helden, jedenfalls die ganz Großen, denen sie zwar noch Loblieder sangen, wenn auch bloß welche, die reine Lippenbekenntnisse blieben, diese Helden waren nicht mehr da: Yeats war 1939 in Südfrankreich gestorben, Joyce 1941 in Zürich – die Haltung, die Letzterer seinem Heimatland gegenüber einnahm, ist fein säuberlich zusammengefasst in einer Zeile aus der komisch autobiographischen Shem-the-Penman-Episode in *Finnegans Wake:* »He even ran away with hunself and became a farsoonerite, saying he would far sooner muddle through the hash of lentils in Europe than meddle with Irrland's split little pea.«

Als ich nach Dublin kam, war die McDaid-Epoche beinah schon vorbei; die literarischen Zecher und Schwätzer pfiffen bereits auf dem letzten Loch. Behan und Kavanagh hab ich dort noch erlebt. Behan* sah zwar immer ungepflegt und abgerissen aus, wohnte aber schön sicher und geborgen in einem hübschen eleganten Haus in der von Bäumen gesäumten Anglesey Road in Ballsbridge, jenseits der äußersten südlichen Grenzen von Baggotonia. Kavanagh, dem man damals schon ansehen konnte, dass er starb, saß stundenlang draußen vor dem Haus, in dem ich wohnte**, auf den Stufen und starrte wütend rüber zum Souterrain auf der anderen Straßenseite, wo Dolmen Press

* Für Cicero – und der kennt sich mit Behan wesentlich besser aus als ich – war dieser ein »Bengale«, genauer gesagt ein Windhund oder, wie das bei uns heißt, ein »Chancer«, was sich übrigens mit »Bengal Lancer« reimt, und so nennt man bei uns einen, der keinen blassen Schimmer hat von seinem Job. Eines von Ciceros vielen Talenten ist seine Meisterschaft auf dem Gebiet des Rhyming Slang.

** Einmal entdeckte ich ihn auch im Schaufenster von Parsons Buchhandlung; er war buchstäblich im Fenster, denn er war auf die abgeschrägte Auslage geklettert und saß da, die Ellbogen auf die Knie gestützt, zwischen und auf den zum Verkauf ausgestellten Büchern und blätterte geflissentlich im London Magazine. Das war vielleicht ein Anblick, wie er da saß in seinen Nagelstiefeln, den verbeulten Hut auf dem Hinterkopf, verächtliche Kommentare brabbelte und so tat, als würde er die Passanten, die ihn angafften, gar nicht bemerken. Im Grunde ihres Herzens waren sie alle Angeber, sogar die Widerborstigsten.

seine Geschäftsräume hatte – Dolmen, seinerzeit der wichtigste Lyrikverlag, gehörte Liam Miller, einem der unbesungenen oder zumindest nicht hinreichend besungenen Helden jener Zeit.* Flann O'Brien alias Myles na Gopaleen alias Brian O'Nolan bin ich nur einmal begegnet: An einem diesigen Herbstabend sah ich ihn die menschenleere Grafton Street entlangtorkeln, den Hut schief auf dem Kopf, im Oktoberwind flatternde Mantelschöße – eine traurige Gestalt, aufgeschwemmt vom Suff.

Schwindler, Blender und Poetaster gab es in der Stadt mehr als genug. Aber es gab auch wirkliche Talente, nicht bloß unter den Künstlern, auch unter den Wissenschaftlern, egal wie exzentrisch sie waren: Leute wie den Historiker und Ahnenforscher Eoin O'Mahony, genannt »der Papst«, und den Volkskundler Seamus Ennis. Und wir hatten ein paar wirklich kluge Köpfe. Von denen mochte ich am meisten den Diplomaten und Journalisten Seán Mac Réamoinn, nicht zuletzt wohl auch, weil ich das Glück hatte, ihn ein wenig zu kennen. Seine hervorragenden Berichte aus Rom, die er in der Zeit zwischen 1962 und 1965, also während des Zweiten Vatikanischen Konzils, für das irische Fernsehen gesendet hat, sind mir bis heute in Erinnerung. »Ich war natürlich gar nicht in Rom«, ulkte er Jahre später im Ver-

* Neulich entdeckte ich in meinen Bücherregalen eine längst vergessene postkartengroße Mappe *Georgian Dublin:* Fünfundzwanzig Farbaquatintaradierungen von James Malton, erschienen bei Dolmen und mit einem Vorwort von – na wem schon? – Maurice Craig. Sehen Sie? Es hängt alles mit allem zusammen.

trauen, und in seinen glänzenden Augen blitzte der Schalk auf. »Das ist alles heimlich im Hinterhof eines Studios in Hollywood gedreht worden.« Als liberaler Katholik glaubte Mac Réamoinn daran, dass Johannes XXIII. mit seinem Konzil die Kirche von Grund auf verändern würde, was ja auch wirklich geschah, nur war es halt nicht unbedingt eine Veränderung zum Besseren.

Ich habe einmal vor etwa zehn Jahren – er starb 2007 – mit ihm in einem seiner Lieblingsrestaurants, dem Unicorn auf der Merrion Row, zu Mittag gegessen. Er litt an einem schweren Lungenemphysem und konnte nur mühsam atmen. »Bringen Sie mich nicht zum Lachen!«, keuchte er, griff sich an die Brust und rollte mit den Augen, und sein Schnurrbart sträubte sich in komischer Verzweiflung. Dass ich ihn zum Lachen bringen könnte, war nicht sehr wahrscheinlich, mir aber tat am Ende unseres gemeinsamen Nachmittags wirklich das Zwerchfell weh.

Gemeinhin verlieren *Bonmots* in geschriebener Form ihre Schärfe, aber ich kann mir einfach nicht verkneifen, hier doch wenigstens ein paar Kostproben von Mac Réamoinns brillantem Esprit zum Besten zu geben. An diesem Tag fragte ich ihn zu Beginn unseres gemeinsamen Essens, wie es ihm gehe – ich wollte einfach höflich sein, denn es war völlig klar, dass er nicht mehr lange zu leben hatte –, worauf er wehmütig den Kopf schüttelte. »Es geht mir wie dem Zensus«, sagte er, »ich zerfalle in Alter, Geschlecht und Religion.« Ich erinnere mich auch, wie mir ein Journalistenkollege, der mit ihm zusammengearbeitet hat, erzählte, wie Seán einmal in einem Pub in Donnybrook nach einem langen Abend bedauernd aufstand und gehen wollte, obwohl noch volle Gläser auf dem Tisch standen. »So«, sagte er, »ich geh jetzt heim und setze mich ans Feuer und hör meiner Flamme beim Fauchen zu.« Aber sein bester Gag war ohne Zweifel der, dass er, als jemand in seiner Gegenwart den berühmten Satz von Cyril Connolly zitierte: »In jedem dicken Mann steckt ein dünner Mann, der rauswill«, wie aus der Pistole geschossen entgegnete: »Ja, und vor jedem dünnen Mädchen steht ein dicker Mann, der reinwill.«

Wären die McDaidianer allesamt besser beraten gewesen, wenn sie es wie so viele ihrer künstlerischen Vorgänger gemacht hätten und ins Exil gegangen wären? Es muss übrigens darauf hingewiesen werden, dass irische Schriftsteller nie einfach bloß ausgewandert sind, sondern immer »ins Exil« gingen. Dublin hatte nicht mehr Exzentriker als alle anderen Städte, aber es war so klein, dass man den Eindruck haben konnte, als wären sie hier in der schwer erträglichen Überzahl. Die meisten waren arme, traurige Gestalten, verstümmelt an Körper oder Geist oder an beidem, aber ein paar gab es auch, die ihren dankenswerten Beitrag zur Erheiterung der Stadt leisteten. Der Ehrw. Garech Browne aus der Familie der Oranmore and Browne – seine Mutter war eine Guinness – trug stets Anzüge aus einem Tweed, der so grob und billig aussah, als habe er ihn selbst gewebt, kam aber immer mit Zylinderhut und Cape zweispännig am Shelbourne Hotel vorgefahren, und das mit der größten Selbstverständlichkeit, Unbekümmertheit und Eleganz.

Wie er da oben auf dem Kutschbock saß, bot er einen dermaßen erhabenen Anblick, dass ich ihm jedes Mal, wenn ich ihn sah, zujubeln wollte. Es gibt ihn immer noch, er wohnt in einem verwunschenen Schloss im County Wicklow an einem jener Seen, die aussehen wie aus gehämmertem Stahl.

Noch farbenprächtiger als Garech war allerdings der Riese, den ich für einen keltischen Stammeshäuptling hielt. Perlengeschmückt, bärtig und zum Fürchten unbarbiert, vagabundierte er in der Stadt umher, in einen Teppich gewickelt und mit einer karierten Decke um die Schultern, in der Rechten einen gewaltigen Stock, der ihn um eine Haupteslänge überragte und so dick war wie der Unterarm eines starken Mannes. Cicero zufolge hatte er eine Schar gleicherart gewandeter Jungfrauen, die ihm, vor Bewunderung stumm, auf Schritt und Tritt folgten, die ich indes nie zu Gesicht bekam. Er war ein gerissener alter Bursche und nahm von den Touristen einen Fünfer dafür, dass er sich mit ihnen fotografieren ließ. Wohin er wohl zur Nacht gegangen ist? Gab es da irgendwo in einer moosigen Grotte in einem der Parks in der Stadt eine Höhle, wo er sich mit seinen Mänaden an einem lodernden Feuer niederlegte, um zu träumen von uralter Zeit?

• • • • •

Für Leute mit künstlerischen Ambitionen war Irland in der McDaid-Epoche ein hartes, engherziges Land. Als ich in den frühen achtziger Jahren, zu einer Zeit, als der Kalte

Krieg gerade äußerst warm war, zum ersten Mal nach Osteuropa reiste, fühlte ich mich sofort erschreckend daheim: Dort war es die kommunistische Partei, die das Leben der Menschen von der Wiege bis zur Bahre überwachte und also genau das Gleiche tat wie bei uns die katholische Kirche. Der englische Historiker Hugh Trevor-Roper wird nicht müde, darauf hinzuweisen, dass Kommunismus und Katholizismus nur zwei Seiten ein und derselben abgegriffenen Medaille sind.

Genau wie in Budapest, Prag oder Warschau hielt sich auch in Dublin die Intelligenz mit einer Mischung aus Gewitztheit, Vorsicht und Galgenhumor irgendwie über Wasser. Mein verstorbener Freund, der Romancier John McGahern, erzählte immer bitter amüsiert, wie die Belgrove School in Clontarf, an der er als Lehrer arbeitete, ihm nach dem Verbot seines Romans *The Dark* durch die Zensurbehörde postwendend gekündigt hatte. Er wurde ins Büro des Direktors zitiert, eines trunksüchtigen Geistlichen, der zu ihm sagte: »Wissen Sie, es ist gar nicht in erster Linie das Buch, gegen das wir etwas haben, der eigentliche Punkt ist, dass Sie sich, verdammt noch mal, erlaubt haben, eine geschiedene Frau zu heiraten, und obendrein auch noch eine Ausländerin« – McGaherns erste Frau war Annikki Laaksi, eine Finnin –, »während die Frauen hier bei uns mit hängender Zunge nach einem Mann lechzen.«

»Tja«, hatte McGahern trocken entgegnet, »in meine Richtung hat keine die Zunge gehängt!«

Ja, das ist lustig, aber die Folgen waren es nicht: John

musste nach England emigrieren und dort in allen möglichen Jobs arbeiten, unter anderem auf dem Bau. Das Wunder war, dass ihn das so wenig verbittert hat; er ist sogar mit seiner zweiten Frau, Madeline, nach Irland zurückgekommen und hat wieder hier gewohnt, nicht weit von dem Ort, wo er geboren und aufgewachsen war. Die schönste Erinnerung, die ich an ihn habe, ist vielleicht die an jenen Tag, als er mich und meine Frau auf seine Lieblingswiese einlud, unweit von seinem Haus, an einem See in Foxfield, County Leitrim. »Schaut euch das an«, sagte er, während er den Blick über das Gras und die Feldblumen schweifen ließ, »geht einem da nicht das Herz auf?« Später sammelte er in seiner Mütze Pilze und brachte sie nach Hause, damit Madeline sie zubereitete.

Ich frage mich oft – ihn selbst geradeheraus danach zu fragen, hätte ich nicht gewagt –, ob er in seinem Leben dort am See nicht manchmal Sehnsucht hatte nach den alten Zeiten in Dublin, aber dann fiel mir immer das Gespräch zwischen dem Dichter Philip Larkin und einem Interviewer ein, der Larkin fragte, wie er sich nur dafür entscheiden konnte, in Hull im Norden Englands zu leben, »so weit weg vom Zentrum«. Worauf Larkin ihn unverwandt mit seinem melancholischen Eulenblick ansah und fragte: »Dem Zentrum von was?«

Selbst ich, jung, wie ich war, konnte mir nicht vorstellen, dass dieses Baggotonia mit seinem ganzen schäbigen Glamour das Zentrum von irgendwas Besonderem sein sollte. Ich betrachtete die Typen vom McDaids mit milder Verachtung und einem gewissen arroganten Mitleid – ich habe dieses Pub tatsächlich nie betreten, kein einziges Mal, ich ging lieber eine Straße weiter ins Neary's, ein zivilisiertes Lokal, wo bis heute – ich war erst kürzlich dort und hab mich davon überzeugt – diese vier hübschen funktionstüchtigen Gaslampen mit den weißen Glaskugeln über der Bar hängen, die schon damals dort waren.

Die Pubs waren so ziemlich alles, was wir hatten: Für Restaurants konnte sich Dublin nicht so recht erwärmen. Es gab das Jammet's in der Nassau Street, aber dort zu essen konnten sich höchstens durchreisende Würdenträger leisten oder hin und wieder mal ein Filmstar und natürlich Micheál und Hilton, wenn Lord und Lady Longford zahlten. Das waren damals am Gate Theatre die Mäzene der beiden gewesen – sie spindeldürr, er von der Größe eines etwas kleineren Elefanten. Wir anderen konnten uns allenfalls ab und zu einen Schmaus im Paradiso auf der Westmoreland Street leisten – zehn Shilling, sechs Cent die Tournedos Rossini – oder ein Schinkensandwich und ein Glas Shandy im Gresham Hotel oder im Shelbourne's in der Horseshoe Bar, die damals schon genauso spärlich beleuchtet und wohlig verrufen war wie heute.

Anfang der siebziger Jahre kam der inzwischen verstorbene David Farrer, mein Lektor im Londoner Verlag Secker & Warburg, nach Dublin – nicht meinetwegen, sondern wegen Christy Brown, dessen Roman *Down All the Days* damals im Begriff war, Autor und Verlag ein Vermögen einzubringen – und lud meine Frau und mich zum

Abendessen in das alte Russell Hotel in der Harcourt Street, Ecke St Stephen's Green, ein, das es schon lange nicht mehr gibt. Das Essen war sehr gut, so gut, dass ich mich nach all den vielen Jahren immer noch genau erinnern kann, was ich damals gegessen habe: als Vorspeise eine Fischsuppe, dann Ossobucco, danach eine Mousse au Chocholat. Der Preis für den Wein, den wir tranken – zuerst eine Flasche Montrachet, glaube ich, und dann einen samtigen St-Estèphe –, dürfte nicht viel unter dem gelegen haben, was mir Secker als Vorschuss für mein erstes Buch gezahlt hat. David war so was wie eine Legende in der Zunft – ja, damals gab es im Verlagswesen noch lebende Legenden. Im Krieg war er Privatsekretär von Lord Beaverbrook gewesen und hatte seine Erinnerungen an das alte Monster später in einem Buch mit dem Titel *G for God Almighty** niedergeschrieben.

In seiner allerersten Anstellung, erzählte er uns, habe er den Weg zur Arbeit auf einem Elefanten zurückgelegt.

»Ja«, sagte er, sichtlich amüsiert ob unserer verblüfften Gesichter. »Ich war Hauslehrer eines indischen Prinzen, und jeden Morgen um Punkt neun stand vor meinem Bungalow ein Elefant mit seinem Mahut, und dann kletterte

* Eines Tages diktierte Beaverbrook David am Telefon einen Leitartikel, und David musste ihn wegen der schlechten Verbindung immer wieder bitten, ein Wort zu wiederholen, bis es Seiner Lordschaft schließlich reichte und er wütend durch den Hörer brüllte: »Facing: F wie fool, A wie ass, C wie cunt, I wie I, N wie nothing und G wie God Almighty!«

ich obendrauf auf das Biest, und ab ging's zum Palast. Erstaunliche Geschöpfe, diese Elefanten …«

Dann bestellte er für sich einen Brandy, aber nichts für uns. Ich stand schließlich sehr weit unten in der Rangliste.*

Solche großzügigen Einladungen wie an jenem Abend im Russell kamen, wenn überhaupt, dann äußerst selten vor, obwohl, wenn ich jetzt so darüber nachdenke, dann gab es auch einmal einen denkwürdigen Lunch im Hibernian Hotel in der Dawson Street anlässlich des Erscheinens eines frühen Romans von Jennifer Johnston. Einen Verlegerlunch! Heute gehört so etwas der Vergangenheit an, genau wie Hosenträger und Zigarren nach dem Essen. Bei diesem dort im Hibernia hatte ich einen Niesanfall, weil mir Champagnerbläschen in die Nase gestiegen waren. Ich erinnere mich auch an eine ganz grandiose junge Frau, die Gattin des Verlegers, glaube ich, die mich, als sie meine sarkastischen Bemerkungen über das prachtvolle Ambiente hörte, das uns umgab – das Hibernian war wirklich ungemein luxuriös –, ungläubig fragte, ob ich denn etwa, nun ja, ob ich etwa Sozialist sei. Ehe ich noch etwas erwidern konnte – ich überlege gerade, was ich ihr wohl geant-

* Mein Agent hat mir später Davids hierarchisches System erklärt: Kleine Fische wie ich wurden in London auf einen Drink ins Coach and Horses in der Greek Street eingeladen, aufsteigende Sterne bekamen einen Lunch im Jardin des Gourmets, ebenfalls in der Greek Street, und für solche, die auf der Shortlist für den Booker Prize standen oder so, gab's Speis und Trank im Garrick Club.

wortet haben würde? –, brach sie in ein ebenso schallendes wie fröhliches Gelächter aus. Bilde ich mir das bloß ein, oder stimmt es tatsächlich, dass die Engländer die Iren nie richtig ernst nehmen können? Ganz egal, mit wem ich rede, wenn ich drüben in England bin, ich habe jedes Mal den Eindruck, dass die Leute nur mit Mühe ernst bleiben können, wenn sie meiner ansichtig werden.

Standen das Jammet's, das Russell und das Hibernian ganz oben auf der Skala, so stand am anderen, dem unteren Ende Gaj's Restaurant in der Baggot Street. Margaret Gaj, geborene Dunlop, war eine Frau, die ihrer Zeit voraus war. Sie war im Krieg Krankenschwester beim Roten Kreuz gewesen, hatte dort einen polnischen Soldaten namens Bolesław Gaj kennengelernt und geheiratet und war mit ihm nach Dublin gezogen, wo sie als Frau mit Unternehmergeist ein Restaurant eröffnet hatte, zuerst in der Molesworth Street, einen Olivensteinwurf vom Hibernian entfernt, und später dann mitten im Herzen von Baggotonia. Mrs Gaj, wie alle sie nannten, hätte die Antwort auf die Frage, die mir die Verlegergattin aus Spaß gestellt hatte, genau gewusst und hätte kein höhnisches Gelächter geduldet. Sie war eine energische, aktive Linke und gehörte vielen jener sozialen Protestgruppen an, die in den sechziger Jahren wie Pilze aus dem Boden schossen. Auch im Dublin Housing Action Committee, das Straßenproteste organisierte und bessere Wohnungen für die Armen forderte, engagierte sie sich und zählte außerdem zu den Initiatorinnen der Frauenbefreiungsbewegung in Irland. In ihrem Restaurant verbanden sich gesunder Menschenverstand und Freiheit mit Gaumenfreuden, und die Bratwurst mit Pommes, die es dort für eine halbe Krone gab, war nicht nur ein Schnäppchen, sondern auch »ein echter Köder«, wie einer meiner Freunde immer sagte.

Das beste Pub außerhalb von Baggotonia, ja, eigentlich sogar das beste Pub der Stadt, war das Ryan's an der Parkgate Street, direkt unterhalb des Haupteingangs zum Phoenix Park, ein hübsches geräumiges Lokal, das Mr Ryan persönlich führte, ein großer, dünner rotblonder Bursche, der hinkte und sich schwankend vorwärtsbewegte, wie in einer unsichtbaren Gondel.* Er trug stets ein weißes Hemd und eine schwarze Weste und so eine lange, röhrenförmige schwarze Schürze, wie man sie heute noch in Paris bei den Kellnern sieht. Bis weit in die siebziger Jahre hinein hatten Frauen zur Hauptschankstube des Ryan's keinen Zutritt. Kam man mit seinem Mädchen, dann nickte Mr Ryan ganz kurz und fast unmerklich mit dem Kopf und zog mit dem Zeigefinger an einer Schnur, die durch den ganzen Raum lief und deren Ende mit einem von einer Feder betriebenen Riegel an der Tür zum Hinterzimmer verbunden war: Die Tür ging mit einer gleichsam vertraulich-einladenden Bewegung auf, man schlüpfte hindurch, die Schnur wurde wieder losgelassen, die Tür schnappte zu, und schon waren wir für uns und hatten es dort drinnen schön kuschelig.

Was haben wir damals getrunken? Guinness, mit Sicher-

* Cicero weiß zu berichten, dass der enorm würdevolle Mr Ryan den unglaublichen Spitznamen »Bongo« hatte.

heit, ganze Ozeane davon – obwohl ich mich nie recht mit dem Zeug anfreunden konnte – und Whiskey, den von John Jameson & Son, und Powers, der angeblich weicher auf der Zunge war als JJ & S; aber niemals Scotch. Eine Zeitlang war das Modegetränk jamaikanischer Rum mit Schwarze-Johannisbeer-Saft, was einen dicken süßen Belag oben am Gaumen hinterließ, und wenn man sich bemühte, diesen nachhaltig zu entfernen, tat einem hinterher die Zungenwurzel weh. Biere auch, das seifige Smithwick's, das nach nichts schmeckende Carlsberg und Bass, dieses bescheidene Arbeitergesöff, das allerdings eher verpönt war, seit es in den dreißiger Jahren im Mittelpunkt einer republikanischen Kampagne zum Boykott britischer Waren in Irland gestanden hatte.

In einigen Pubs waren Frauen zwar zugelassen, durften aber kein Pint, also kein großes Bier, bestellen. Das ist mir gerade wieder eingefallen, und es verwundert mich. Eine Frau konnte gleichzeitig zwei kleine Bier bestellen, in zwei Gläsern, aber kein großes in einem Pint-Glas. Woher kam wohl diese absurde Regel, und warum haben wir uns so brav gefügt? In einem tyrannischen Regime – und das Irland jener Zeit war eine geistliche Tyrannei – wird die Bevölkerung so eingeschüchtert, dass sie dem Staat aus freien Stücken die Arbeit abnimmt. Und wie jeder Tyrann weiß, funktioniert Selbstzensur immer noch am besten. In den Neunzigern, als die Enthüllungen über sexuellen Missbrauch durch Geistliche und dessen Vertuschung durch die katholische Kirche deren Vorherrschaft beinah über Nacht ein Ende setzten, kratzte sich meine Generation am

Kopf und fragte sich mit zitternder Stimme: »Wie konnten wir ihnen das nur so lange durchgehen lassen?« Doch in der Frage war die Antwort natürlich enthalten: *Wir haben es ihnen durchgehen lassen.* Die Macht wird öfter abgegeben, als sie ergriffen wird.

Unterdrückt, wie wir waren, suchten wir unsere profanen kleinen Vergnügungen dort, wo wir sie finden konnten. Zum Beispiel hat damals jeder geraucht und das sehr ernst genommen, als sei es eine Pflicht. Unsere bevorzugten Sorten waren *Player's, Gold Flake, Sweet Afton,* in dieser hübschen blassgelben Packung, und *Woodbine* natürlich, obwohl die war was für Proleten und wurde von allen verschmäht, außer von den Ärmsten unter uns. Eine Zeitlang war ich bei den höchst feudalen *Churchman's* und wechselte mitunter, wenn ich meine eher unbekümmert britophilen Phasen hatte, zu *Senior Service.* In jedem Pub und bei jeder Party stand ein fester Klotz von Tabakrauch in der Luft, der den ganzen Raum ausfüllte, spinnwebfarben, dicht und unbeweglich. Zur Sperrstunde stolperten wir hinaus in die nasskalte Dunkelheit, hustend und keuchend, die Hände verzweifelt ans krampfhaft wogende Brustbein gepresst. Nach dem Mief drinnen war die Nachtluft immer eine Überraschung, klar und kalt, und irgendwie schien sie uns zu missbilligen, uns und unsere halbtrunkenen Rüpeleien. Wie Steppenroller trudelten mitten auf der Fahrbahn zerrissene Zeitungen und zerknautschte Chipstüten, und aasfressende Möwen, unwirklich groß, wenn man sie aus der Nähe sah, trippelten leise kreischend und voller Verachtung beiseite.

Vor kurzem kam eine italienische Freundin von mir, die

in Amerika lebt und arbeitet, nach Dublin, um für ein Reisemagazin einen Artikel über Irland zu schreiben. Ich traf mich an einem Sommertag mit ihr im Restaurant Winding Stair, an einem Fenster, das auf eine winterliche Landschaft mit vorüberjagenden Wolken und der bleigrauen Liffey blickte. Sie war schon ein paar Tage durch die Stadt gestreift, hatte die Leute beobachtet und in Pubs und Hotelhallen vorbeigeschaut. »Ich habe eine Entdeckung gemacht«, erzählte sie mir. »Ich habe erkannt, dass für die Iren der Alkohol das Gleiche ist wie der Sonnenschein für die mediterranen Völker des Südens.« Ich lachte, denn das war ein lustiger Gedanke, aber es war auch die Wahrheit und auf ihre Art sogar irgendwie eine tiefe. Selbst diejenigen von uns, denen das irische Klima gefällt, die das Fehlen von Extremen lieben und das einmalig schöne silbrige ständig wechselnde Licht, selbst sie müssen etwas haben, das wärmt und das die Laune hebt.

Die Alternative zu den Pubs, obwohl vielleicht eher noch ihre Ergänzung, waren die Kinos oder Lichtspielhäuser, wie wir sie damals noch nannten, wenn wir kurz mal unsere Ambitionen auf sozialen Aufstieg vergaßen. Sie waren größtenteils in der O'Connell Street und um sie herum konzentriert. In ihren Namen schwang so eine erhabene, altehrwürdige Vornehmheit mit: Da gab es das Carlton, das Metropole, das Ambassador, das Adelphi, und, die Königinmutter von allen, das Savoy, in dem fast dreitausend Kinogänger Platz fanden. Was war das für ein Bild, wenn die Lichter angingen und man von der Empore aus auf das große Amphitheater hinunterblickte und all die vielen schlaftrunkenen Träumer sah, die aus der zweistündigen Phantasie zu erwachen versuchten, die über die gewaltige aufgespannte CinemaScope-Leinwand gezogen und geflackert war und sie hypnotisiert hatte. Der Film ist die Poesie des Volkes, und das Lichtspielhaus ist der Ort, wo wir unsere kurzen, flüchtigen Begegnungen haben mit den einstigen Göttern des Olymp, den Filmstars – unwahrscheinlich schön, unwahrscheinlich selbstbewusst, makellos und ohne einen echten Faden, genauso wie im Altertum die Götter.

Mein Lieblingskino war das Capitol in der Princes Street, auch wenn es in den sechziger Jahren schon recht schäbig und heruntergekommen war; sein Foyer bildete einen rechten Winkel zu der alten Princes Bar, einem der schönsten Pubs von Dublin, das allerdings schon lange nicht mehr existiert. Das Capitol stand an der Stelle, wo früher das Geschäftsgebäude des *Freeman's Journal* war; es wurde 1920 eröffnet und beherbergte in seinen Mauern neben einem Kino auch ein Restaurant, eine Bar und einen Ballsaal. Man konnte dort die Darsteller live auf der Bühne erleben, unter anderem Sophie Tucker – jawohl, Sophie Tucker! –, John McCormack, W. C. Fields, Beniamino Gigli und Paul Robeson. Die letzte Live-Vorstellung fand 1953 statt. Das Capitol wurde vor langer Zeit abgerissen, genau wie die Princes Bar, und mittlerweile ist die ganze Straße insgesamt bloß noch eine Lieferrampe für all die Billigläden dort.

Das einzige mir bekannte Kino im Umkreis von Baggotonia war das von Richard Orpen, dem Bruder des Malers William Orpen, entworfene Grafton Picture House – auf dem Teil der Grafton Street, der »Dreifach-B« war. Ab Ende der fünfziger Jahre wurden dort ausschließlich Trickfilme und Wochenschauen gezeigt, aber im ersten Stock gab es ein Café, das recht extravagant war und in das man seine Freundin nachmittags zum Tee einladen konnte. Dort hatte ich mein erstes richtiges Rendezvous mit der ersten richtigen – also nicht nur in meiner Phantasie existierenden – Liebe meines Lebens. Ihr Name war Stephanie Delahaye. Ach, Stephanie, ich muss nur die Augen schließen – nein, ich muss sie gar nicht schließen –, um deinen zarten, bleichen Nacken zu sehen, der links unten einen winzigen schokoladenbraunen Leberfleck hatte, und wie du dich über deine Teetasse beugst an einem Tisch nah am Geländer; ich stelle mir vor, ich kann sogar den Verkehrslärm draußen auf der Grafton Street hören, wo das Sonnenlicht seine goldenen Reifen den Fußgängern zwischen die eilenden Beine rollt.

Damals, als es noch kein Multiplex gab, war jedes Kino ein einziger großer Palast, mit Neonbeschilderung, Samtsitzen, kitschiger als kitschig, bewacht von Portiers mit Brillantine im Haar, die keinen Unsinn duldeten, weder von irgendwelchen Rockern noch von deren Mädels, und es gab die ältlichen Platzanweiserinnen – was für ein wunderschönes Wort –, die, ihre Taschenlampe schwenkend wie ein Flammenschwert, allemal aufpassten, ob etwa welche in der letzten Reihe unanständige Dinge trieben – der Schrecken all jener, die ihren Abfall auf den Boden warfen, die furchtlosen Platzverweiserinnen, die die Unverschämten und die Aufmüpfigen kurzerhand vor die Tür setzten.

In den Pausen schloss sich der rote Vorhang leise rauschend – die Farbtöne waren die gleichen wie bei den spröde glänzenden Gewändern der Kayser-Bondor-Damen! –, und davor, auf der Bühne, erschien im phosphoreszierenden Licht der Scheinwerfer, wie herabgestiegen aus dem Empyreum, eine feenhafte Gestalt in einem knappen Röckchen, auf dem Kopf ein lustiges, fesch auf der Seite sitzendes Hütchen, mit einem Bauchladen voller verführerischer Süßigkeiten, die sie zum Kauf feilbot: Marsriegel, Cadbury's Dairy Milk, winzige Eiscremetöpfchen Marke HB mit geschickt auf die Innenseite des Deckels geklebten hölzernen Minispachteln, Tüten mit Popcorn, mit Toffeebonbons Marke Scots Clan, mit Lemon's Pure Sweets ... Süßes auf der Zunge, Süßliches auf der Leinwand.

Das erotische Potenzial des Kinos war ein offenes Geheimnis und jedem männlichen Geschöpf ab gegen Ende seiner Knabenzeit bestens bekannt. Die Filme, die wir sehen durften, waren von der Zensurbehörde so übel zermetzelt, dass das, was davon übrig war, kaum noch einen Sinn ergab, und so konnten wir das Geschehen auf der Leinwand weitgehend ignorieren und uns stattdessen darauf konzentrieren, die Hand oder, besser noch, die Hände unter die Kleidung unserer Freundinnen zu bekommen. Die begehrteste der wenigen uns erlaubten Zonen war das Stückchen Oberschenkel direkt über den Strumpfrändern. Dieses Pölsterchen aus Fleisch – ich sollte wohl sagen, diese Pölsterchen, denn schließlich gab es ihrer zwei, obwohl man so gut wie nie an beide und schon gar nicht dazwischenkam, so weich, so prall und herrlich kühl, haben mir meine erste Lektion in der hinreißenden Ästhetik des menschlichen Körpers erteilt. Rückblickend, jetzt, im Spätherbst des Lebens – oder hat bereits der Winter angefangen? –, bin ich überzeugt, dass Kunst und Erotik genauso eng miteinander verbunden sind wie ein Liebespaar, das sich in den Armen liegt. Ich glaube nicht, dass das meine Erfindung ist. Es passiert nicht oft, dass der Funke der Schönheit das Leben eines jungen Mannes erhellt. Ich glaube, was mein jugendliches Ich – der arme Blender, der in den billigen Schuhen seiner Gefühle zittert – von den Mädchen wollte und sich erhoffte, hatte weniger etwas mit Lust zu tun als mit der Sehnsucht nach Extravaganz. Aber vielleicht war ich auch zu sehr verknallt in Worte.

Und die Mädchen, was hatten sie für Wünsche? Sollte ich der Sache nicht die Beachtung geschenkt haben, die ihr eigentlich gebührt hätte, so kann ich mich mit der Überlegung trösten, ein bisschen jedenfalls, dass nicht einmal der alte Papa Freud von sich behaupten konnte, die Antwort zu wissen – hat er sich nicht gefragt: *Was will eigentlich eine Frau?* Doch wie mögen sie das wohl empfunden haben, wenn man sie in der letzten Reihe im Parkett im flackernden Halbdunkel begrabschte mit jener Mischung aus Schmeichelei und Drohung, die eine Spezialität eines jeden jungen Mannes – nein, eines jeden Mannes – war. Bei den Mädchen war es wohl ein wirres Durcheinander von Gefühlen, Erregung und Furcht, Verlangen und Abscheu, Begehren und ... ja, was? Schlichter Verärgerung vielleicht?

Das erste Programmkino der Stadt war das Astor am Eden Quay, das bereits Anfang der fünfziger Jahre eröffnet wurde – mit *Fahrraddiebe* von De Sica. Um die Wende zu den Sechzigern herum fuhren meine Cousine Mary B. und ich immer von Wexford nach Dublin – wie eigentlich? Mit der Bahn? Per Bus? – und gingen in die Nachmittagsvorstellungen, in denen Nouvelle-Vague-Filme gezeigt wurden von Ingmar Bergmann, Federico Fellini, François Truffaut, Luis Buñuel, Jean-Luc Godard, Alain Resnais ... Mein Lieblingsregisseur war Michelangelo Antonioni, der sich mir außer mit dem einschmeichelnden Klang seines vielsilbigen Namens auch damit empfahl, dass er in seinen Filmen die elegantesten und attraktivsten Stars der Welt auftreten ließ. Ich erinnere mich noch heute an den Schock, an diese beglückende Verwirrung, die ich empfand, als ich mich mit den ungelösten und vermutlich unlösbaren Rätseln von *L'Avventura* herumschlug – wissen Sie noch, die Wassersäule? Was für ein Glücksfall für einen Regisseur, steigt einfach aus dem Meer auf, diese Säule, magisch und bedrohlich, während er gerade eine Szene dreht.

Der Star in *L'Avventura,* die bildschöne Monica Vitti, war für mich unter all meinen obskuren Leinwandlieben das größte Objekt der Begierde. Selbst damals, als Junge aus der Kleinstadt, wusste ich natürlich, dass Antonionis Werk als glühende Anklage des kapitalistischen Westens in der Nachkriegsära gemeint war – doch ach, dachte ich immer, wenn ich dort auf dem verstaubten Samt saß, über mir auf der kleinen rechteckigen Leinwand des Astor das aus Silber und Ruß geformte Bild jenes herrlichen Geschöpfs, *ach, einmal in Monica Vittis Armen unglücklich sein!*

Cupido ist der Gott, der sprungbereit in jeder Ecke lauert.

DICEMAN
1995
DICEMAN
1995
TAX EVADER
real devils don't wear horns

5
Ein Blick von Pisga auf Palästina

IM MÄRZ 1966, TIEF IN DER NACHT, wurde ich durch einen Knall aus dem Schlaf gerissen, einen Knall, der zwar ziemlich weit weg war, aber wiederum nicht so weit weg, dass die Scheiben meines Schlafzimmerfensters nicht davon geklirrt hätten. Solch ein Geräusch hatte ich noch nie gehört: abrupt, merkwürdig gedämpft, irgendwie dumpf; mir wollte absolut nichts einfallen, was es verursacht haben konnte. Diese Insel ist voller Geräusche, dachte ich, noch halb im Traum, und schlief wieder ein. Am Morgen kam es dann auf sämtlichen Radiosendern in den Nachrichten und stand in allen Zeitungen: Nachts um halb zwei hatte eine Explosion die Nelsonsäule mitten auf der O'Connell Street, das bekannteste Wahrzeichen der Stadt, zum Einsturz gebracht. Es war das Jahr des fünfzigsten Jubiläums des Aufstands von 1916, und die IRA, die seit den Fünfzigern, als eine Reihe halbherziger und oft absurder Sprengstoffanschläge an der Grenze zu Nordirland buchstäblich verpufft war, gewissermaßen Winterschlaf gehalten hatte, war zu dem Schluss gelangt, diese Gelegenheit mit einer »spektakulären« Wortmeldung würdigen zu müssen – einer Wortmeldung von der Art, wie wir sie in den folgenden Jahrzehnten noch gründlich kennen- und fürchten lernen sollten.

Als die allseits bekannte Säule 1809 zur Erinnerung an Admiral Nelson sowie in Würdigung seines vier Jahre zuvor errungenen Sieges in der Schlacht bei Trafalgar errichtet wurde, hieß der elegante georgianische Boulevard des Bauunternehmers Luke Gardiner noch Sackville Street. Eine Plakette am steinernen Sockel des Denkmals erzählte die Legende:

> MIT DEM SEGEN DES ALLMÄCHTIGEN GOTTES, zur Erinnerung an die übernatürlich Heldenhaften Verdienste des Sehr Ehrwürdigen HORATIO LORD VISCOUNT NELSON, Herzog von Bronté in Sizilien, Vizeadmiral der White Squadron der Königlichen Flotte, Der ruhmreich in der Schlacht vor KAP TRAFALGAR gefallen ist am 21. Tag des Oktober 1805, als er für sein Land einen SIEG über die VEREINIGTE FLOTTE FRANKREICHS UND SPANIENS errang, welcher in der Geschichte der Seefahrt nicht seinesgleichen hat. Dieser GRUNDSTEIN zu einer Sieges-

SÄULE wurde gelegt von SEINER HOHEIT CHARLES HERZOG VON RICHMOND und LENNOX, Lord Generalleutnant und Generalgouverneur von Irland, am 15. Tag des Februar im Jahre unseres Herrn 1808 und im 48. Jahr unseres ALLERGNÄDIGSTEN HERRSCHERS GEORGE III. in Anwesenheit der von den Stiftern für die Errichtung dieses Monuments berufenen Kommission.

Diese klangvoll geschliffenen Perioden nötigen mir durchaus Bewunderung ab, aber am meisten gefällt mir, wie das Ganze am Schluss ins Lächerliche kippt, wenn auf einmal die »von den Stiftern berufene Kommission« auftaucht, eine plötzliche Banalität, der nicht einmal die Versalien den erhofften würdevollen Effekt verleihen können. Das erinnert mich an den herrlich pseudoheroischen Schluss der Zyklopen-Episode im Ulysses, wo Leopold Bloom mit einem zweirädrigen Karren aus Barney Kiernans Pub flüchten muss, um dem Gespenst des ultranationalistischen, antisemitischen »Bürgers« zu entkommen, der mit einer Keksdose nach ihm wirft:

Und siehe, da kam eine große Helle über sie, und sie sahen den Wagen, darinnen Er stand, aufgefahren gen Himmel. Und sie sahen Ihn in dem Wagen, gekleidet wie die Herrlichkeit der

> Helle, und es ging ein Strahlen von ihm aus gleichwie von der Sonne, so schön als der Mond und so schrecklich zugleich, dass sie vor heiliger Scheu nicht wagten, den Blick zu Ihm zu erheben. Und es kam eine Stimme vom Himmel und rief: Elias! Elias! Und er antwortete ihr mit einem mächtigen Schrei: Abba! Adonai! Und sie sahen Ihn, ja Ihn, Ben Bloom Elias, inmitten von Wolken von Engeln auffahren zur Herrlichkeit der Helle in einem Winkel von fünfundvierzig Grad über Donohoe in der Little Green Street, als habe ihn der Schwung einer Schaufel hinaufbefördert.

Der Entwurf der Nelsonsäule stammt von dem englischen Architekten William Wilkins, wurde jedoch zwecks Kostenersparnis von Francis Johnston aus Armagh, der auch das General Post Office entworfen hat, umgeändert ... Oje: wie doch der Joyce'sche Jargon mit seinen hochgestochenen Modulationen noch weiterwirkt, da ich dies schreibe! Doch weiter, weiter, dessen ungeachtet!

Die Dubliner waren hinsichtlich der Säule geteilter Meinung. Die Republikaner verabscheuten sie selbstverständlich, aber wir anderen betrachteten sie einfach als günstigen Treffpunkt im Stadtzentrum, so eingewurzelt und so vertraut, dass wir sie kaum noch als Objekt an sich wahrnahmen. Mit ihrer Sprengung, die wohl als Erfolg der Ausbildung in der British Army gelten darf – viele IRA-

Leute hatten sich freiwillig zu den feindlichen Streitkräften gemeldet, um das Kriegshandwerk zu lernen –, war der IRA eine Tat von beachtlicher Effizienz gelungen, zumal die Explosion nur minimale Schäden an den umstehenden Gebäuden anrichtete: Zu Bruch gingen hauptsächlich Bürofenster und Schaufenster von Geschäften, und nur ein Taxifahrer, der in der Nähe parkte, konnte von Glück sagen, dass er mit dem Leben davonkam. Und obwohl »die Boys« ohne Frage ganze Arbeit geleistet hatten, war die Granitsäule nur zur Hälfte eingestürzt, und die Irish Army schickte ein paar Tage später einige Ingenieure, damit sie den Abriss vollendeten.

1969 brachte die Regierung ein Gesetz mit dem ziemlich komischen Namen »Nelson Pillar Act« ein, mit dem die Stiftung, die das Monument als Attraktion für Touristen betrieb – für einen bescheidenen Obolus erhielt man Zutritt zu einer Treppe im Innern der Säule, die nach einem schwierigen, schwindelerregenden Aufstieg ganz nach oben zu einer Aussichtssäule führte –, aufgelöst und den Kuratoriumsmitgliedern ein Ausgleich für die entgangenen Einnahmen gezahlt wurde. Im Laufe der Jahre gab es die verschiedensten Vorschläge, wie das gesprengte Wahrzeichen zu ersetzen sei, doch es passierte nichts – bis man 2003 schließlich an seiner Stelle den »Millenium Spire« errichtete und diesen tief ins Herz des Standorts trieb.

Die Dubliner reagierten im Allgemeinen amüsiert auf die Zerstörung der Säule. Als militärische oder politische Kraft wurde die IRA damals gar nicht ernst genommen, aber die professionelle Ausführung der Operation und die Kühnheit der Vorgehensweise beeindruckten die Leute durchaus. Die polizeiliche Untersuchung des Anschlags scheint eher halbherzig gewesen zu sein. In einem Bericht in einer englischen Zeitung wurde behauptet, sechs Männer seien verhaftet und im Zusammenhang mit dem Vorfall vernommen worden, was natürlich sein kann, aber angeklagt wurden sie nie. Es gab auch Gerüchte, wonach die ETA, die baskische Separatistenorganisation, hierhergekommen sei und im Rahmen ihres Ausbildungsprogramms diesen Anschlag verübt habe. Erst im Jahr 2000 gab Liam Sutcliffe, ein ehemaliger IRA-Mann, in einem Interview mit dem irischen Fernsehen an, er selbst habe die »Operation Humpty Dumpty« durchgeführt, gemeinsam mit einer Gruppe von, wie man heute sagen würde, regimekritischen Republikanern; der Kopf der Gruppe sei ein gewisser Joe Christle gewesen, den die IRA wegen seiner »Waghalsigkeit« aus ihren Reihen ausgeschlossen habe; er habe die mit einem Zeitzünder versehene Bombe persönlich dicht an der Spitze des Monuments versteckt. Sutcliffe wurde später von der Polizei verhört, aber nicht unter Anklage gestellt.

Wenn man heute auf die blutigen Stammesfehden in Nordirland zurückblickt*, die sich über dreißig Jahre hin-

* Und auch im Süden, nicht zu vergessen: Bei Sprengstoffattentaten in Dublin und Monaghan, ausgeführt von der Ulster Volunteer Force, wahrscheinlich mit Hilfe der britischen Sicherheitsdienste, wurden am 17. Mai 1974 dreiunddreißig Menschen und ein ungeborenes Kind getötet; es war das blutigste der koordinierten Massaker während der Unruhen.

zogen, und wenn man bedenkt, wie viele Opfer der Sprengstoffanschlag auf die Nelsonsäule hätte kosten können, dann bricht einem der kalte Schweiß aus. Damals haben wir bloß die Achseln gezuckt oder gelacht; uneinsichtige Kinder, die wir waren, haben wir uns gefreut, wenn es hin und wieder einen harmlosen kleinen Rumms gab, wenn Teile der Erwachsenenwelt zum Einsturz gebracht wurden. »Up Went Nelson« hieß ein ironischer Song, den eine Gruppe Belfaster Lehrer zusammengeschustert hatte; die Platte stand wochenlang als Bestseller der »Hitparade« südlich der Grenze.

Die Säule spielt auch eine Rolle in einer besonders schwierigen und zugleich besonders unterhaltsamen Episode von Joyces *Ulysses,* nämlich der, in der Stephen Dedalus seinen versammelten Freunden von der Zeitung die Geschichte von den beiden »Dubliner Vestalinnen« erzählt, die zwecks Finanzierung eines Ausflugs zur Ersteigung des Monuments ihre Sparbüchse plündern, um von oben auf die Stadt zu schauen. Ein klein wenig ausgebaut und weiterentwickelt, hätte diese Geschichte perfekt in Joyces Kurzgeschichtensammlung *Dubliners* gepasst. Stephen gibt seiner Anekdote den Titel »Ein Blick vom Pisga auf Palästina oder Das Gleichnis von den Pflaumen«. Nelson kommt darin als »der einhenklige Ehebrecher« vor, ein typisches Beispiel für Stephens zahlreiche schelmische und bewusst unspaßhafte Formulierungen. Doch wer könnte Joyces wunderbarer Zuneigung zu den beiden Abenteuerinnen und der Warmherzigkeit und Genauigkeit seiner Erfindung widerstehen? Wie Stephen die Geschichte erzählt, kaufen die zwei

> für eins-vier Schweinesülze und vier Scheiben Fladenbrot in der Nordstädtischen Speisewirtschaft, Marlborough Street, bei Inhaberin Miss Kate Collins … Sie erstehen vierundzwanzig reife Pflaumen bei einem Mädchen am Fuß der Nelson-Säule, um damit den Durst nach der Schweinesülze zu stillen. Sie geben dem Herrn am Drehkreuz zwei Dreipennystücke und beginnen langsam die Wendeltreppe hinaufzuwatscheln, stöhnend, einander ermutigend, ängstlich im Dunkeln, schnaufend, eine die andere fragend, hast du auch die Sülze, Gott lobend und die Heilige Jungfrau, drohend, wieder runterzugehen, vorsichtig durch die Luftschlitze spähend. Ehre sei Gott. Sie hatten ja keine Ahnung gehabt, dass es derart hoch war.

Cicero hat bei sich zu Hause ein Stück von der Säule. Er wohnt an den South Docks, an der Mündung des Grand Canal – sofern Kanäle eine Mündung haben –, in einem ehemaligen Speicherhaus aus dem achtzehnten Jahrhundert, aus dem er und Mrs Cicero eine der frappierendsten Behausungen der Stadt gemacht haben. Die Wohnung ist direkt neben dem Studio von U2, das er an die Band verkauft hat; wenn es zu laut wird, sagt er, schlägt er mit dem

Schuh an die Wand und ruft, sie sollen leiser machen. Er hat schon als Teenager angefangen, alle möglichen Dinge zu sammeln. In seine Wohnzimmerwand ist ein steinerner Türsturz von der Tür eingelassen, von der aus Joyce seine beiden todesmutigen Jungfern zu ihrem luftigen Abenteuer aufbrechen lässt.* Auf dem Türsturz ist in hübschen vergoldeten Buchstaben Nelsons Name eingraviert, beziehungsweise, wie es ein Steinmetz korrekt ausdrücken würde, der Name ist »eingesetzt und in Gold hervorgehoben«.

Heute sind wir unterwegs, um uns das Haupt des Admirals anzuschauen. Eine Bedingung bei diesen Ausflügen in Dublins Vergangenheit ist, dass mir Cicero nie vorher sagt, wo wir hingehen – »Wenn ich's dir sagen würde, müsste ich dich töten«. Dadurch ist jede dieser Unternehmungen mit einer kindlichen Vorfreude erfüllt, auf die der Siebenjährige in mir genauso reagiert wie früher jedes Mal, wenn er an dem bewussten achten Dezember durch die Dunkelheit zum Zug ging und zur Percy Place und zu Clery's und ins Palm Beach und … ins Glück, in jenen ein-

* Es wird berichtet, dass auch Wittgenstein während seines Dublin-Aufenthalts auf die Säule gestiegen sei. Anscheinend haben er und sein Freund Dr Drury sich wie zwei Jungs, die die Schule schwänzen, bei Woolworths billige Fotoapparate gekauft und sind hinaufgestiegen, um sich in den Schatten des Admirals zu stellen und Panoramaaufnahmen von der Stadt zu machen. Das erinnert mich an eine Stelle gegen Ende des *Tractatus:* »Meine Sätze erläutern dadurch, dass sie der, welcher mich versteht, am Ende als unsinnig erkennt, wenn er durch sie – auf ihnen – über sie hinausgestiegen ist.«

fachsten aller Zustände, zu dem es so schwer ist, Zutritt zu erhalten.

Als wir es uns in Ciceros emsigem kleinen Zweisitzer – *wruum wruum* – gemütlich machen, lasse ich mir die Frage durch den Kopf gehen, wo das Haupt des edlen Horatio wohl gelagert sein könnte. Da die Säule so hoch war – 134 Fuß oder 40,8 Meter, wenn Sie's genau wissen wollen –, stelle ich mir vor, dass die Statue oben riesengroß war, also dürfte der Kopf in einem, sagen wir mal, Ballsaal irgendeiner einstmals prächtigen Stadtvilla in einem der vornehmeren georgianischen Viertel gelagert sein. Vor meinem geistigen Auge sehe ich mich – ein lustiges Bild – neben ihm für ein Foto posieren, das ganze Trumm genauso groß wie ich, und ich mit meinem Ellbogen nonchalant ans steinerne Ohr des Helden gelehnt. Aber wieso befinden wir uns dann jetzt in den entlegeneren »Nicht-B«-Ausläufern der Pearse Street? Als Stadtführer ist Cicero bewundernswert und unbezahlbar, mit der Orientierung aber hat er bisweilen Probleme. Wir müssen volle drei Mal wenden, mitten im dichtesten Verkehr, bevor wir endlich jählings und für mich völlig unerwartet vor ... der öffentlichen Leihbücherei in der Pearse Street anhalten.

Ich war noch ganz jung, als ich schon in Bibliotheken verliebt war. Im Traum sehe ich mich oft wieder in der Wexford County Library, die heute in einem hübschen großen modernen Gebäude in der Mallin Street ihr Domizil hat, nur wenige Schritte von jenem Bahnhof entfernt, von dem aus wir damals immer zu meinen längst vergangenen dezemberlichen Geburtstagsausflügen aufbrachen,

die aber zu meiner Zeit mitten in der extravaganten pseudogotischen County Hall untergebracht war. Man betrat diesen zinnengeschmückten Klotz durch einen breiten, hallenden und mit Linoleum ausgelegten Korridor, stieg eine gewaltige steinerne Treppe hinauf und drückte gegen eine schwere hölzerne Tür, und da war es, das gemütliche, nach Bohnerwachs riechende Paradies meiner Kindheit mit seinen sonnengebleichten Bücherrücken und mit dem alles durchdringenden Parfum von Miss Annette Flushing.

Miss Flushing, blond, rosig und bebrillt, war eine von drei Hilfsbibliothekarinnen. Sie stand auf einem erhöhten Podest hinter ihrem Tresen, sodass meine Augen, wenn ich mich ihr zwecks Abstempelung meiner wöchentlichen Ausleihen näherte, auf einer Höhe waren mit ihren herrlich spitzen, eng von einem blassblauen Angorapulli eingefassten Brüsten; ich weiß, ich weiß, sie muss auch andere Sachen getragen haben, Blusen und so, aber das Bild von ihr in diesem Pulli hat sich mir unauslöschlich ins Gedächtnis eingebrannt. Und ich hätte mich garantiert in sie verliebt, hätte sie eingemeindet in die Reihe meiner Phantomgeliebten, wäre ihr Busen nur nicht so einschüchternd gewesen. Miss Flushing war, genau wie die anderen Angestellten, gleichbleibend freundlich, hilfsbereit und – jedenfalls mir gegenüber – mitfühlend. Ich weiß nicht recht, weshalb ich den Eindruck erweckt haben sollte, Mitgefühl nötig zu haben, aber selbst die Leiterin der Bibliothek, ein etwas schusseliges altes Schätzchen mit silbernem Haar, behandelte mich wie jemanden, der an einer unklaren chronischen Störung leidet, hörte sich meine Fragen aufmerksam an und antwortete langsam und leise darauf und kam sogar von ihrem Podest hinter dem Tresen herabgestiegen und geleitete mich zu diesem oder jenem Regal, in dem das Buch stand, das ich brauchte; es kommt mir fast so vor, als seien meine Ausleihen von sämtlichen Angestellten mit einer ganz besonderen Unaufdringlichkeit und Behutsamkeit abgestempelt worden. Aber vielleicht empfanden das alle so, die dort verkehrten. Vielleicht hatten alle das Gefühl, dass hier ein jeder als einzigartig zu betrachten sei, dass alle gebrechlich waren und an derselben Krankheit litten, die mich befallen hatte, lauter krankhafte Bibliomanen, die sich bei Miss Flushing und ihren Kollegen einer Suchttherapie unterzogen, wie in einer literarischen Methadonklinik.

Einer dieser Kollegen war ein gut aussehender junger Mann, immer im dunklen Anzug, der gern – und durchaus nicht von oben herab – mit mir über Bücher und Schriftsteller plauderte und mir einmal sein eigenes Exemplar von Alberto Moravias Roman *Cesira* lieh, das der Zensurbehörde zum Opfer gefallen war. Miss Flushing hatte nur höhnisch gelacht, als ich sie nach dem Buch gefragt hatte – sie besaß sehr große, wohlgeformte weiße Zähne, wobei die obere Reihe vorn immer ein bisschen mit Lippenstift verschmiert war, aber mein Freund, der hinter ihr stand, hatte mir bedeutet, ihm zu folgen, und war mit mir durch den Korridor am hinteren Ende des Raumes und die Feuertreppe hinunter zum Parkplatz gegangen und hatte das Buch dort aus dem Handschuhfach genommen, hatte sich noch kurz erst nach der einen und dann nach der anderen Seite umgeschaut und mir dann mit einem verschwörerischen Zwinkern die Penguinausgabe mit dem orangefarbenen Einband in die Hand gedrückt.

Unterstützt wurde die Zensurbehörde bei ihrer Arbeit übrigens von selbsternannten Wächtern über die kollektive Sittlichkeit des Landes, scharfäugigen, wachsamen Zeitgenossen, die heimlich die öffentlichen Bibliotheken auf der Suche nach Schund und Schmutz durchpflügten. In Graham Greenes *Die Kraft und die Herrlichkeit,* einem seiner eher flauen religiösen Melodramen, ist die Hauptfigur ein »Whiskey-Priester«, der mit einer ehemaligen Geliebten eine Tochter hat. Im Exemplar der Wexford County Library war der Name der Tochter ausgekratzt worden – nicht herausgeschnitten, sondern sehr sorgfältig mit einer scharfen Rasierklinge von der Seite wegradiert; verstehen Sie, man hatte einfach nur den Namen ausgelöscht, was eine kleine durchsichtige Stelle im Papier hinterlassen hatte, als sei allein der bloße Name schon eine Blasphemie, die zu sehen keinem rechtgläubigen Leser gestattet sein durfte. Man muss sich das einmal vorstellen: Da hatte jemand das Buch ausfindig gemacht, es mit nach Hause genommen, sich stundenlang mit dieser geisttötenden Aufgabe beschäftigt und es dann wieder in die Bibliothek zurückgebracht, und dabei war er bestimmt hochzufrieden gewesen, mal wieder fleißig einen kleinen, aber nichtsdestominder existenziell wichtigen Beitrag zum nimmermüden, ewigen Wirken des Herrn geleistet zu haben.

Beschämt muss ich bekennen, dass auch ich einmal gesündigt habe, in ebenjener Leihbücherei: Ich habe ein Buch gestohlen. Es handelte sich um sämtliche Gedichte von Dylan Thomas – wie so manch anderer pubertäter Büchernarr hielt auch ich Thomas für den größten Dichter des Jahrhunderts – in einer schönen Hardcover-Ausgabe aus dem altehrwürdigen Verlagshaus J. M. Dent & Sons. Ich war monatelang scharf gewesen auf dieses Buch, und schließlich konnte ich mich einfach nicht mehr beherrschen: Ich versteckte es ganz hinten in einem der Regale in der Lyrikabteilung und wartete sechs lange Wochen, ob irgendjemand es verrückte, dann stopfte ich es mir unter den Mantel und schlich mich mit hochrotem Kopf und zitternden Händen hinaus. Ich bin sicher, dass das Personal, als der Verlust schließlich bemerkt wurde, sehr wohl wusste, wer der Dieb war, aber selbst wenn, man hat mich nie gestellt. Um mein Gewissen zu erleichtern, habe ich als Wiedergutmachung in meinem Testament ein kleines Legat für die Bibliothek verfügt. Ich frage mich, welche Bücher sie von dem Geld wohl kaufen werden. Bestimmt nicht meine.

Die öffentliche Leihbücherei in der Pearse Street, oder auch die, in voller Länge und Schönheit, Dublin City Library and Archive, ist eine ehrwürdige Institution und insofern ungewöhnlich, als sie in einem schönen Gebäude aus dem neunzehnten Jahrhundert untergebracht ist, das in der Tat eigens für diesen Zweck errichtet wurde, denn wie in allen ehemaligen Kolonien, so befinden sich auch in Irland die meisten öffentlichen Einrichtungen in Gebäuden, die ursprünglich einer ganz anderen Bestimmung zugedacht waren und für ihre neue Verwendung entsprechend umgemodelt werden mussten, wobei diese Anpassung nicht selten alles andere als befriedigend war. Diese hier aber ist gut bestückt und wird liebevoll geführt – habe ich es mir nur eingebildet, oder erblickte ich in den Augen der beiden Bibliothekarinnen, die an dem Tag, als ich dort war, Dienst hatten, wirklich den gleichen Ausdruck von Mitgefühl und Besorgtheit, mit dem mich Miss Flushing und ihre Kollegen damals, vor all den vielen Jahren, in der County Hall stets so freigebig bedacht hatten? Pathologische Bücherliebe – ein Leiden, das wohl jeder Bibliothekar sofort diagnostizieren kann.

Cicero und ich nahmen den Lift zum Lesesaal. Wie wohltuend ist doch die Stille, die im Lesesaal einer Bibliothek herrscht!

»Ach«, sagte Cicero, »da ist ja Mr Nelson. Komm, lass uns ein paar Worte mit ihm reden.«

Ich Idiot glaubte tatsächlich, er meine den Bibliotheksdirektor oder so was Ähnliches, und schaute mich prompt nach dem Mann um, sah aber stattdessen nur einen steinernen Kopf. Aber nicht etwa das monumentale anderthalb Meter große Trumm, das ich erwartet hatte, denn in Wirklichkeit ist er kaum mehr als lebensgroß. Er steht auf einem bescheidenen Sockel in einer Ecke des Lesesaals, die Miene gramzerfurcht, was ja auch bloß allzu verständlich ist – immerhin hatte man den Burschen himmelhoch in die Luft gejagt. Nur hohle Augen und ein schlaffer Mund, der Rest war der Verwitterung anheimgefallen; ein markantes Detail, genauer gesagt dessen Nichtvorhandensein, ist die fehlende Nase, die angeblich beim Aufstand von 1916 einer verirrten Kugel zum Opfer fiel. Alles in allem sieht er aus wie ein übel zugerichteter Preisboxer. Einigermaßen überraschend ist, dass er Haare hat, was wohl bedeutet, dass der Bildhauer, ein gewisser Thomas Kirk aus Cork, ihn da oben hutlos der Gewalt der Elemente überlassen hat.

Zu den Dingen, auf die im Leben stets Verlass ist, gehört bekanntlich der Aberwitz. Dass ich an einem Sommernachmittag in der Dubliner Stadtbibliothek stehe und mir das torsolose steinerne Haupt einer Statue des Siegers von Trafalgar anschaue, das eine Bande wildgewordener IRA-Leute vor fünfzig Jahren zu nachtschlafender Zeit von ihrer Säule gepustet hatte, ist vielleicht nicht unbedingt eine der absurdesten unwahrscheinlichen Koinzidenzen, die mir in meinem Leben untergekommen sind, aber bizarr fand ich es doch – äußerst bizarr sogar. Borges sagt irgendwo, ab und zu und hier und da weise die Wirklichkeit an ihrer Oberfläche einen kleinen Riss auf, der uns für einen kurzen Augenblick die Möglichkeit einer gänzlich anderen Ordnung der Dinge erkennen lässt. Meine Begegnung mit Admiral Nelson hat mit Sicherheit eine solche Fissur offenbart.

Und wenn ich's recht bedenke, dann haben wir hier gleich noch ein Beispiel dafür, wie die Katze der Eventualität aus dem scheinbar nahtlosen Sack gelassen wird. Und wie ich bereits weiter oben sagte, ließ ich in *Nicht frei von Sünde,* dem ersten meiner Benjamin-Black-Romane, meinen Helden in einer aufgemöbelten Version der Wohnung in der Mount Street wohnen, in der ich in den fünfziger Jahren immer meine Tante Nan besucht hatte und die ich später selbst bewohnte. Die Graphiker der englischen Ausgabe des Buches, das bei Picador erscheinen sollte, wählten für den Umschlag aus den achtzig Millionen – jawohl, achtzig Millionen – bei der Agentur Getty Images verfügbaren Archivbildern eine sehr stimmungsvolle Aufnahme aus. Das Foto, wahrscheinlich aus den Fünfzigern, zeigt eine Frau auf einer von einem Torbogen überwölbten kurzen, leicht abschüssigen kopfsteingepflasterten Straße, die vor ihr weitergeht und an deren Ende man die Rückseiten einiger in Nebel gehüllter, verschieden hoher, schmaler Häuser sieht. Ich mochte das Foto und fand, dass es perfekt in die Zeit und zur Atmosphäre des Buches passte. Auch die Szene kam mir vage bekannt vor, ohne dass ich es hätte begründen können. Etwas später besuchte ich während eines New-York-Aufenthalts meinen Lektor John Sterling bei Henry Holt, dem amerikanischen Verlag von Benjamin Black, der seine Geschäftsräume im Flatiron Building hat, jenem bemerkenswerten – und bemerkenswert modern aussehenden – Keil aus Beton und Glas in der Fifth Avenue. John kannte das Foto, das Picador für das Cover von *Nicht frei von Sünde* ausgewählt hatte, und konnte mir ein anderes Buch zeigen, das kürzlich bei Holt herausgekommen war, nämlich ein anonymes Tagebuch aus Berlin zum Ende des Krieges, auf dessen Umschlag zu meiner Überraschung exakt das gleiche Getty-Foto von der Frau auf der kopfsteingepflasterten Straße war. John und ich waren uns einig, dass das ein hübscher, eigenartiger Zufall war und, wie alle Zufälle, auch ein bisschen unheimlich, ja sogar ein ganz klein wenig irritierend.

Nicht frei von Sünde erschien pünktlich bei Picador, und das Covermotiv war so reizvoll und passend, dass mehrere andere europäische Verlage, unter anderem Kastaniotis in Athen, beschlossen, für ihre Ausgabe des Buches ebenfalls dieses Foto zu verwenden. Als im Jahr darauf die Kastaniotis-Ausgabe erschien, kam mein griechischer Lektor und Freund, der inzwischen leider verstorbene Anteos Chrysostomides, nach Dublin, um eine Fernsehdokumentation über mich und meine Arbeit zu machen. Er war neugierig und wollte gern einige Orte in Dublin sehen, die in dem Buch vorkamen, und natürlich brachte ich ihn als Erstes in die Mount Street, meine alte Gegend, die nun auch die von Quirke war. Es war Sonntag, und die Straße war menschenleer. Als wir ein paar Schritte gegangen waren, blieb Anteos auf einmal stehen und zeigte nach links. »Schau doch mal«, sagte er. »Das ist ja die Straße von dem Foto!«

Und so war es, und dort war sie: Stephen's Place, die Gasse mit dem Torbogen und dem Kopfsteinpflaster, die von der Upper in die Lower Mount Street führt. Jahrelang war ich unzählige Male hier entlanggegangen, und dennoch hatte ich sie auf dem Foto nicht erkannt. Verblüffend! Weitaus verblüffender aber war, dass die Gestalter von Picador es geschafft hatten, für den Umschlag rein zufällig aus jenen Millionen Fotos, die bei Getty Images verfügbar

STEPHENS PLACE 2

sind, gerade das eine auszuwählen, das in der Upper Mount Street aufgenommen worden war, wo der fiktive Protagonist des Buches seine Wohnung hatte, und das eine Ansicht zeigte, an der Quirke tagtäglich vorbeikam, genauso wie ich früher.

Vor ein paar Jahren, bei einem Abendessen in Barcelona, versicherten mir vier Statistiker, die zufällig unter den Gästen waren, es gebe keine Zufälle. Sie hatten natürlich recht, diese vier Abakusrabulisten. Aber trotzdem …

Und hier, bloß so zum Spaß, habe ich noch einen jener Zufälle für Sie, die keine sein können. Ich war nach Zürich eingeladen, zu einer Lesung in der dortigen James-Joyce-Stiftung, deren Direktor übrigens Fritz Senn ist, der charmanteste und mit Sicherheit geistvollste Joyce-Gelehrte, den ich kenne – und ich kenne einige, das dürfen Sie mir glauben. Abends hatte ich meine Lesung, und am nächsten Morgen, fast schon unterwegs zum Flughafen, um den Mittagsflug nach Hause zu erwischen, schenkte mir Fritz die Kopie eines Sonetts meines Namensvetters Théodore de Banville, eines französischen Dichters aus dem neunzehnten Jahrhundert. In dem Sonett kommt der Vers *Les lauriers sont coupés* vor, was auch der Titel eines Romans von Edouard Dujardin ist, von dem sich Joyce nach eigener Aussage zur Technik des »stream of consciousness«, des Bewusstseinsstroms, inspirieren ließ, die er im *Ulysses* angewandt hat. Auch dies eine hübsche kleine Kette von Gedankenverbindungen und eine Erinnerung, wie sie passender nicht sein könnte, an meinen Besuch in der Stiftung und bei ihrem gastfreundlichen Direktor, den ich das Glück hatte kennenlernen zu dürfen.

Ich flog zurück nach Dublin, und später an jenem Nachmittag, ich überquerte gerade in Sandymount die Straße, kam zufällig ein alter Freund in seinem Auto vorbeigefahren, den ich ein paar Jahre nicht gesehen hatte. Er drosselte das Tempo, ließ das Fenster runter und rief mir zu: »Ich hab die Tagebücher der Brüder Goncourt gelesen, da wird ständig ein Théodore de Banville erwähnt!« Er fuhr davon, ich ging weiter über die Straße, und als ich gerade den Bordstein betrat, tippte mir eine Frau auf die Schulter und sagte: »Mein guter Freund Fritz Senn sagt, Sie hatten gestern Abend eine wunderbare Lesung in der Joyce-Stiftung!« Also bitte, es stimmt tatsächlich, es gibt keinen Zufall.

• • • • •

Mein Tête-à-Tête mit Horatios Kopf ist nur das erste von mehreren Abenteuern, die Cicero an diesem Tag für uns geplant hat. Um zu unserem nächsten Ziel zu gelangen, werden wir hinüberfahren zur nördlichen Seite der Stadt und dort in zwei höchst unterschiedliche Versionen der Vergangenheit eintauchen, die in ein und demselben Haus übereinandergeschichtet sind. Für jemanden, der auf der Südseite lebt, ist es ein traumatisches Erlebnis, die Liffey zu queren. »Hast du die Sache mit deinen Visa rechtzeitig geklärt?«, fragt mich Cicero, als wir die Pearse Street entlangbrausen, wo sich so mancher neidisch nach unserem

Zweisitzer umschaut, und auf den Fluss zufahren. Oldtimer verlieren niemals ihre Faszination.

Luke Gardiner (1690–1755) war gewissermaßen ein Master of the Universe avant la lettre. Als jüngster von fünf Söhnen entsprang er bescheidenen Verhältnissen, aber »sprang« ist wirklich das treffende Wort, denn es ging wie im Sprung voran, und bald schon kaufte er ganze Teile der Stadt auf, darunter fast das gesamte Grundstück in der Jervis Street, auf dem die Abtei St Mary steht, und wurde so zum größten Grundbesitzer nördlich des Flusses. Überdies tat er, was jeder hoffnungsvolle junge Herr damals tat: Er machte eine gute Partie. Die Frau, die er heiratete, war Anne Stewart, Tochter des ehrenwerten Alexander Stewart, Sohn von William Stewart, seines Zeichens Viscount Mountjoy of County Tyrone. Gardiners erstes großes Baugrundstück, an dessen Erwerb er sich um 1720 machte, war die Henrietta Street, die an der Bolton Street anfängt und unmittelbar vor dem hinteren Tor der King's Inns endet.*

* Christine Casey bemerkt, besonders auffällig sei, dass der Bau der King's Inns der Henrietta Street gewissermaßen »die kalte Schulter gezeigt« habe, und damit hat sie gewiss recht. Das Gebäude der Inns, das auf einem Gelände errichtet wurde, das früher den hübschen Namen Plover Fields hatte, hockt in all seiner steinernen Majestät wie ein gigantischer unförmiger aufgeblasener und übermäßig prachtvoll herausgeputzter Frosch am oberen Ende der Straße. Von der anderen Seite, gegenüber dem Constitution Hill, sieht es wesentlich besser aus. Immerhin war sein Erbauer der geniale James Gandon.

Die Henrietta Street war im zweiten Drittel des achtzehnten Jahrhunderts eine der vornehmsten Adressen im georgianischen Dublin*, und die Nummer drei war Cicero zufolge eines der stattlichsten Häuser in Irland, ja sogar in ganz Britannien. Das Gebäude steht auf einem Gelände, das früher einmal eine Anbaufläche war, vielleicht ein Garten, und direkt an das Haus Nummer vier grenzt. Dessen Eigentümer war John Maxwell, der spätere Lord Farnham und Abgeordnete des County Cavan. Maxwells Tochter heiratete 1754 Owen Wynne aus Sligo, auch er, wie sein Schwiegervater, ein Mitglied des Parlaments und ebenso wie jener »ein Opportunistenspross«, der das angrenzende Grundstück entweder gekauft oder – womöglich als Hochzeitsgeschenk – bekommen und darauf jenes Haus gebaut hat, das zur Henrietta Street Nummer drei wurde, wie auf der ungemein nützlichen Website *Irish Aesthete* nachzulesen ist, deren ebenso geistreiches wie aufmüpfiges Motto lautet: »Das hier ist kein Oxymoron.«

Das Haus ist stark baufällig. Die Backsteinfassade hat schwere Abplatzungen – noch so ein neues Wort, eines von vielen, die ich auf diesen gemeinsamen Ausflügen von Cicero gelernt habe –, und die Innenräume sind allesamt in einem beklagenswerten Zustand, obwohl in manchen die

* Von Maurice Craig erfahren wir, das Adressbuch von Dublin habe 1792 als daselbst wohnhaft »einen Erzbischof, zwei Bischöfe, vier Peers, also dem Hochadel angehörende Mitglieder des Oberhauses, und vier Parlamentsmitglieder (davon einer der älteste Sohn eines Peer) verzeichnet«.

Stuckdecken noch zu einem erstaunlich großen Teil erhalten sind. Der Niedergang der Henrietta Street begann mit dem Bau der King's Inns; viele der dortigen Häuser wurden aufgekauft und in Anwaltskanzleien umgewandelt.* Die Grundsteinlegung der Inns fand 1800 statt, also im Jahr des Act of Union – genauer gesagt der Acts of Union, denn es handelte sich um zwei Gesetze, die in einem zusammengefasst waren –, womit das Königreich Großbritannien und das Königreich Irland zum Vereinigten Königreich Großbritannien und Irland verschmolzen wurden, was in diesem oft so unglücklichen Irland für viel Ärger, Leid und Zwietracht gesorgt hat und in einigen Gegenden noch immer sorgt.

Seit Mitte des vergangenen Jahrhunderts zogen die hohen Herrschaften von der Nordseite im Kielwasser des Earl of Kildare sukzessive über den Fluss nach Süden und errichteten rings um Leinster House herum ein neues, georgianisches Dublin – nämlich Baggotonia –, und jetzt, mit der Auflösung des irischen Parlaments, soweit es eines war, denn Abgeordnete konnten nur anglikanische Protestanten werden, verkauften viele englische Grundbesitzer ihr Land und zogen »aufs Festland«, das heißt nach England. Bis zum Ende des neunzehnten Jahrhunderts gehörten drei Viertel der Straße dem liberalen Rechtsanwalt

* Diarmuid Ó Gráda stellt fest, dass »die Stadt in der Zeit um siebzehnhundertsechzig eintausend Rechtsanwälte hatte und ihre Zahl immer weiter anstieg. Bis zum Ende des Jahrhunderts waren es noch einmal halb so viele.«

Tristram Kennedy, der während der Hungersnöte in den Jahren um 1840 nationale Schulen errichtet und in Carrickmacross die Spitzenindustrie gegründet und das Land gekauft hatte, um es an seine Juristenkollegen zu verpachten. So wurde dank Kennedy, der offenbar ein anständiger Mensch und bedachtsamer Grundbesitzer war, die Struktur der Straße bis in die achtziger Jahre des achtzehnten Jahrhunderts weitgehend erhalten. Mit dem Ende des darauffolgenden Jahrzehnts jedoch, nach Kennedys Tod im Jahre 1885, wurde ein Großteil seines Grundeigentums von Joseph M. Meade, einem ehemaligen Oberbürgermeister von Dublin, erworben. Dieser abscheuliche Mietwucherer – oder Bereitsteller von »Sozialwohnungen«, wie man ihn heute wohl nennen würde – ließ die Häuser, die ihm in der Henrietta Street gehörten, in lauter einzelne Zimmer unterteilen, um so viele arme Leute – und die gab es in Dublin zuhauf – wie nur irgend möglich darin unterzubringen. Das war die Verwandlung der Straße in einen Slum.

Cicero und ich werden vor dem Haus Nummer drei von einem freundlichen Immobilienmakler erwartet, der bereit ist, uns kurz im Haus herumzuführen. Wir bekommen Schutzhelme und leuchtend gelbe Sicherheitswesten. Das gesamte Originalinventar, einschließlich der Treppen und Kamine, erzählt mir Cicero, wurde herausgerissen und in London verkauft – auch dies ein Werk von Bürgermeister Meade –, doch als wir von einem Stockwerk ins nächste klettern, wird die Erhabenheit des Hauses allenthalben offenbar. Es gibt noch originale Kassettentüren. »Fahr doch

mal mit der Hand über das Holz«, drängt mich Cicero – »Spürst du die Qualität, die Handwerkskunst?« –, während ich allmählich schon einen steifen Hals bekomme, weil ich die ganze Zeit nach oben schaue und mich nicht sattsehen kann an der Schönheit der noch nicht vollends zu Schanden gemachten Stuckdecken. Was mich jedoch vor allem beeindruckt, sind die großartigen Proportionen des Hauses. Jedes Zimmer hat seinen ganz eigenen Charakter, seine eigene Würde. Dieses Gebäude wurde errichtet, um darin ein angenehmes, kultiviertes Leben zu führen – man könnte sogar sagen ein Leben nach den Gesetzen der Ästhetik.

In einem der Schlafzimmer entdecken wir ein kleines Stück Originaltapete, das immer noch an seinem Platz klebt. Blassgrau mit einem Muster aus zarten, wie gefiederten Wedeln einer Pflanze, die ich nicht identifizieren kann. Mit einem Mal werde ich, wie damals in Mrs Hanlys Garten an der Vico Road, zurückversetzt an den Golf von Neapel und nach Herculaneum, eine der Städte, die beim Ausbruch des Vesuv im Jahr 79 n. Chr. zusammen mit Pompeii zerstört wurden. Anders als Pompeii, das der Lavastrom eingeschlossen hat, wurde Herculaneum unterm Vulkanstaub begraben, wodurch viele der schönsten Häuser der Stadt und nicht wenig von deren Inneneinrichtung erhalten blieb, darunter kompliziert tesselierte Mosaikfußböden, Marmorwände in lebhaften Farben, erlesen detaillierte Wandgemälde …

Herculaneum ist vor langer Zeit untergegangen, doch viel von seiner Herrlichkeit ist bis heute erhalten. Warum wundere ich mich also, dass ein Stückchen Tapete lumpige dreihundert Jahre überlebt hat? Und doch – ja, dennoch wundere ich mich. Wie viele Schichten von Zeit überspanne ich hier, auf wie vielen dachziegelartig angeordneten Schichten von Zeit stehe ich? Das Italien des Altertums, das georgianische Dublin, Sean O'Caseys traurige Mietskasernen ...

»Ist das nicht unglaublich?«, murmelt Cicero und fährt mit der Fingerspitze über den Papierfetzen an der Wand. »Ist das nicht *unglaublich?*«

6

Das Mädchen im Park

PARIS SAH ICH DAS ERSTE MAL MIT ACHTZEHN. Ein gutes Alter, um solch eine bedeutende Epiphanie zu feiern. Mit achtzehn ist man alt genug, dass einen die großen Wunder dieser Welt nicht allzu sehr in Angst und Schrecken versetzen, zugleich aber noch jung genug, um sie mit frischem, offenem Blick wahrnehmen zu können. Wenn ich sage, ich *sah* Paris, dann meine ich das wortwörtlich, denn ich verbrachte fast meine ganze Zeit draußen im Freien. Das schäbige kleine Hotel in der Rue Molière, in dem ich eine Dienstbotenkammer im fünften Stock gemietet hatte, lud die Gäste nicht gerade dazu ein, sich tagsüber lange darin aufzuhalten, und für ausgiebige Mahlzeiten im Restaurant oder dafür, stundenlang in den Cafés am linken Seineufer herumzuhocken, fehlte mir das Geld. Und so lief ich herum und schaute und schaute und lief herum.

Was mich sofort und am stärksten beeindruckte, waren die Statuen. In Irland neigen wir dazu, riesige Sockel zu errichten und winzige Figürchen draufzusetzen, ganz so, als würde unser Streben nach Glanz und Glorie in dem Maße abnehmen, wie die Höhe der Monumente zunimmt. In Paris hingegen treten uns diese gewaltigen steinernen Gestalten gebieterisch entgegen, überwältigend in ihrer Größe, ihrer Großartigkeit, ihrer Lebendigkeit. Von diesem Aufenthalt, damals, vor langer Zeit, ist mir vor allem in Erinnerung, wie ich mich zum ersten Mal in den Jardin du Luxembourg wagte. Es war ein Septembernachmittag, die mächtigen Bäume waren mit strohgelbem Sonnenlicht getüpfelt, und in der Luft schwebten hauchzarte Schwaden von feinem blondem Staub. Ich beobachtete die selbstbewusst promenierende Bourgeoisie, die verträumt vorüberschlendernden Liebespaare, die spielenden Kinder, und kam mir vor, als hätte es mich unversehens in ein Gemälde von Renoir oder Raoul Dufy verschlagen oder gar in eine von Watteaus *fêtes galantes.*

Jahre später logierte ich manchmal in der Wohnung einer Freundin unweit des Jardin du Luxembourg und ging nachmittags mit meiner Tochter in den Park. Sie war damals noch ganz klein und fand es herrlich dort, die großen Bäume, die manikürten Rasenflächen, die Marmorbrüstungen, die Teiche und Springbrunnen. Ab und an blieb sie vor einer dieser übergroßen vornehmen Statuen stehen und blinzelte mit einer Mischung aus Ehrfurcht und Neugier zu ihr hinauf, als hätte die Figur nach ihr gerufen und ihre Aufmerksamkeit gefangen genommen, genau wie sie vor so vielen Jahrzehnten auch die meine gefesselt hatte. Jetzt ist das kleine Mädchen von einst erwachsen und wohnt in Paris, und der Jardin du Luxembourg gehört zu ihren Lieblingsorten.

Wir sind schon so lange an die Parks und die Lustgärten gewöhnt, dass wir vergessen, was für eine bemerkenswerte Erfindung sie doch sind. Dabei gibt es sie schon seit dem Altertum – denken Sie nur an die Hängenden Gärten von Babylon –, der Park ist die öffentliche Manifestation des Wesens der Aufklärung und ihrer Werte. Wie Andrew Marvell nicht nur ein Gedicht mit dem Titel *The Garden* schrieb, sondern auch eines, das *The Mower against Gardens* heißt, so war für Alexander Pope die höfliche Kultivierung von Rasen und Hecke eine Arbeit, wie geschaffen für eine Spezies, die geneigt ist, ihre Apotheose durch Lenkung und eingehegte Eleganz zu erreichen. Die rohe Natur muss gebändigt werden, man muss ihr Manieren beibringen. Das Ziel des Parkgestalters ist es, zu besänftigen und zu zivilisieren. Der Central Park in Manhattan, der Hyde Park in London und der Bois de Boulogne in Paris zählen gewiss zu den teuersten Immobilien, die dem allgemeinen Müßiggang überantwortet wurden.

Erhabenheit ist schön und gut, aber ich nehme doch an, dass jeder irgendwo so einen schlichten heimlichen Ort hat, an dem er lustwandeln kann. Als ich nach Dublin zog, stellte ich fest, dass es mir nicht genug war, nur die Architektur zu bewundern; vor allem zog es mich – vielleicht aus stillschweigender oder sogar unbewusster Nostalgie für meine ländlichen Wurzeln – in die Parks der Stadt. Da war zuallererst der Phoenix Park, groß, weit sich ausbreitend und eine halbe Wildnis – allerdings, wie uns Maurice Craig zu bedenken gibt, nicht ganz so »urwüchsig«, wie es den Anschein hat –, der sich am Nordufer der Liffey erstreckt. Mit insgesamt 1.752 Morgen ist er größer als alle großen Londoner Parks, also Hyde Park, Regent's Park, Kensington Gardens, St James's Park, Green Park, Greenwich Park und Battersea Park zusammengenommen. Craig und auch Casey versichern uns, dass der Name nichts mit dem Vogel aus der Mythologie zu tun habe, der aus der eigenen Asche aufersteht, sondern sich von Fionn Uisce herleite, dem irischen Namen einer Heilquelle, die in seiner Nähe entsprang.

Die Gründung des Parks war das Werk eines überaus bemerkenswerten Iren namens James Duke of Ormonde, dessen voller Titel lautete: James FitzThomas Butler, 1. Duke of Ormonde, 12. Earl of Ormond, 5. Earl of Ossory, 1. Marquess of Ormond, 1. Earl of Brecknock, Knight of the Order of the Garter, also Ritter des Hosenbandordens. Die Butlers waren eine der großen englischen Familien in Irland und hatten seit der Invasion der Normannen im zwölften Jahrhundert die Herrschaft über den Südosten des Landes innegehabt. James' Vater, Viscount Thurles, war Katholik, und in dieser religiösen Tradition wurde auch sein 1610 geborener Sohn erzogen, bis er aufgrund einer Reihe von Todesfällen in die direkte Erbfolgelinie geriet. An diesem Punkt beschloss Jakob I. von England, dass der Erbe der Butlers Protestant zu sein habe, und ordnete an, der Knabe solle im Hause des Erzbischofs von Canterbury, George

Abbot, aufwachsen. Später, als er Lord Lieutenant von Irland war, wurde der Duke dem mehrheitlich nach wie vor römisch-katholischen Ormonde-Clan aufgrund seiner Religion suspekt. Allerdings stand er dank seiner ersten Lebensjahre als Katholik der katholischen Bevölkerung in Irland wohlwollend oder jedenfalls nicht ablehnend gegenüber. Es war ihm durchaus ernst mit seiner irischen Identität, und als junger Mann in London unternahm er den ungewöhnlichen Schritt – ungewöhnlich zumindest für jemanden von seiner Herkunft und in seiner Position –, sich wenigstens oberflächliche Kenntnisse der irischen Sprache anzueignen, was ihm später, nachdem er zu einem der obersten Sachwalter der britischen Herrschaft in seinem Lande ernannt worden war, durchaus zugutekam.

• • • • •

Allem Anschein nach machte sich Ormonde nicht viel aus dem Anfang der 1660er Jahre erbauten Phoenix House, das die offizielle Residenz des Vizekönigs war; er hat wohl auch nie dort gewohnt. Christine Casey beschreibt es als »relativ bescheidenes Gebäude« und »größeres Gartenhaus«. In seiner erweiterten Form ist dieses Gebäude heute die Residenz unseres Präsidenten oder unserer Präsidentin während ihrer Amtszeit. Es gibt da so eine Geschichte – ach, diese Stadt ist voller Geschichten! – von einem früheren Bewohner der Villa, seinen Namen zu nennen, verbietet mir die patriotische Pietät, der versucht hat, der mit dem Amt einhergehenden Fadheit mit dem häufigen Griff zur Flasche abzuhelfen. Eines Abends nach einem besonders weinseligen Dinner blieb Mr President, der schreckliche Angst vor der zänkischen Mrs President hatte, noch eine Weile unten sitzen und becherte so vor sich hin, und als er mal musste und nicht wollte, dass die Missus seine Trunkenheit bemerkte, schlich er sich nach draußen und machte Anstalten, sich am Stamm einer schutzbietenden Eiche zu erleichtern. Die Nacht war finster, und ein Wachsoldat, er war noch neu auf seinem Posten, bemerkte die dunkle Gestalt und rief aufgescheucht: »Wer da?«, worauf Seine Exzellenz mit einem Fluch antwortete. Der Wachsoldat wiederholte seine Frage, diesmal lauter, und bekam einen weiteren, nicht minder lauten Kraftausdruck zur Antwort. Er legte sein Gewehr an und hätte zweifellos geschossen, wäre nicht sein befehlshabender Offizier auf der Bildfläche erschienen, der den Präsidenten zum Glück erkannte. Es ist natürlich immer tragisch, wenn irgendwer zu Tode kommt, und dennoch drängt sich einem unwillkürlich die Frage auf, wie wohl die Schlagzeilen am nächsten Morgen gelautet hätten, wäre der Präsident tatsächlich von einem Mitglied seiner eigenen Leibgarde in flagranti erschossen worden.*

Viel schöner aber als die Villa Áras ist das Haus gegenüber, die Villa Deerfield, in der während der Herrschaft der Briten deren Chief Secretary, also der zweithöchste

* KRACHER DES TAGES: PRÄSIDENT IM PARK BEIM PINKELN ERWISCHT.

Beamte der britischen Krone, residierte und die seit 1927 die Residenz des amerikanischen Botschafters ist. Ich bin nur ein einziges Mal in diesem Haus gewesen, gegen Ende der siebziger Jahre, während der Amtszeit des weltläufigen und überaus gebildeten Botschafters William Shannon und seiner Gattin Elizabeth. Ich erinnere mich nicht mehr an den Anlass meines Besuches, ich weiß nur noch, dass viele Schriftsteller dort waren – schließlich war Billy Shannon selbst Schriftsteller und Journalist –, so viele, dass der Dramatiker und Romancier Tom Kilroy sich im Raum umsah und tiefsinnig bemerkte, wenn jetzt eine Bombe losginge, wäre nahezu die gesamte zeitgenössische irische Literatur mit einem Schlage ausgelöscht. Man stelle sich die Schlagzeilen vor, die es in diesem Fall gegeben hätte ...

Deerfield wurde 1776 für Sir John Blaquiere erbaut, von dem man sich erzählte, dass er »einen guten Koch und gute Weine hat und um beider Wirkung weiß«. Das galt auch für Bill Shannon, allerdings nur zum Teil. An dem besagten Abend bekamen wir ein exzellentes Mahl serviert, von der Wirkung der Weine schien der Botschafter allerdings herzlich wenig zu wissen, was natürlich entsprechende Folgen hatte; ich glaube, außer Bill und Elizabeth waren alle, die dort waren, betrunken. Es war gegen Ende der einigermaßen verunglückten Präsidentschaft von Jimmy Carter, und ich weiß noch, dass meine Frau bei dieser Festivität zu vorgerückter Stunde Mrs Shannon mit undiplomatischer Direktheit fragte: »Sagen Sie, Elizabeth, was werden Sie und Bill eigentlich nach den Wahlen machen?«

Wie merkwürdig, Carter ist immer noch sehr aktiv und tut überall auf der Welt Gutes, während der arme Bill Shannon schon seit dreißig Jahren tot ist.

• • • • •

Man kann sagen, dass der Duke of Ormonde einer der Gründungsvater des modernen Irlands war. Maurice Craig bemerkt zu Recht, mit der Rückkehr des Duke im Jahre 1662, nach der Restauration von Karl II., sei, »kurz gesagt, die Renaissance in Irland angekommen«. Besonders bedeutsam war diese Ankunft für Dublin. Laut Catherine Casey »fiel Ormonds [sic] Amtszeit als Vizekönig (1662 bis 1669 und 1677 bis 1685) zeitlich zusammen mit einer bemerkenswert kultivierten Episode in der physischen Entwicklung der Stadt«. Maurice Craig beschreibt Ormonde als »eine Gestalt, die in der modernen irischen Geschichte nicht ihresgleichen hat« und der in puncto »aristokratische Gelassenheit, Brillanz, Toleranz, Flexibilität und gesunden Menschenverstand kaum einer das Wasser reichen konnte«.*

* Zudem besaß er einen trockenen Humor und einen feinen Sinn für Ironie. Als er um 1650 in Frankreich im Exil war, hatte einer seiner Freunde, ein Schotte und gleichfalls Flüchtling, Streit mit seinem französischen Gastgeber und bat Ormonde um Rat, was er tun solle, da es sonst niemanden in der Stadt gab, der ihn bei sich aufnehmen wollte. Ormonde riet ihm, zurückzugehen zu seinem Gastgeber und zuerst dessen Worte zu schlucken und dann sein Abendessen.

Um indes nicht in den naheliegenden Irrtum zu verfallen, die heitere Gelassenheit, die Ormonde gegenüber seinen einstigen Glaubensgenossen und gegenüber Irland insgesamt an den Tag legte, zu überschätzen – wie sagte Oliver Cromwell doch so treffend: »Wer aufhört, besser sein zu wollen, hat aufgehört, gut zu sein« –, müssen wir uns vergegenwärtigen, dass er die Politik seines Lehrmeisters, des Lord Deputy Thomas Wentworth, Earl of Strafford, durchaus unterstützte, die darin bestand, weite Teile des in katholischer Hand befindlichen Grund und Bodens zu konfiszieren, um so nicht nur die Schatzkammern der Krone zu füllen, sondern damit zugleich die bereits arg geschrumpfte Macht des katholischen Adels vollends zu vernichten. Das erregte natürlich den Zorn des Ormonde-Clans, der daraufhin dann schließlich zu den Waffen griff, um sich gegen die Herrschaft der Engländer zu erheben.

Strafford fiel am Ende in Ungnade, und das auf eine vernichtende, ja buchstäblich tödliche Weise: Er wurde 1641 im Londoner Tower hingerichtet, und Ormonde fand sich als Anführer der königlichen Streitmacht in Irland wieder und kämpfte zuerst gegen die irischen Rebellen, darunter auch Mitglieder seines eigenen Clans, und später, nachdem er sich mit den irischen Konföderierten verbündet hatte, gegen die Roundheads, die Truppen des irischen Parlaments. Zwar hatte er keine Schuld an den Verlusten der Royalisten, musste Dublin aber dennoch 1647 an die Roundheads übergeben und den Schutz der königstreuen Protestanten sowie derjenigen Katholiken garantieren, die nicht an der Rebellion beteiligt gewesen waren.

Zu guter Letzt blieb Ormonde nichts weiter übrig, als ins Exil zu gehen und nach Frankreich zu flüchten, wo er in größter Armut leben musste: Da er sich weder eine Kutsche noch auch nur ein Pferd leisten konnte, musste er überallhin zu Fuß gehen. Diese Phase seines Lebens liest sich wie ein Kapitel aus einem Roman von Henry Fielding oder Alexandre Dumas oder sogar von Laurence Sterne. 1658 kehrte er in Begleitung eines gewissen Daniel O'Neill, über den ich gern ein bisschen mehr wüsste, von dem ich aber leider nur den Namen weiß, aus Frankreich zurück nach England – mit dem Auftrag, die Aussichten für eine Restauration der Monarchie zu sondieren. Ormonde reiste verkleidet und unter dem Namen Pickering, und weil er es lästig fand, ständig eine Perücke tragen zu müssen, zerriss er diese und wollte sich sein brünettes Haar schwarz färben, aber das Ergebnis war »ein buntes Allerlei von Farben«.

Eine weitere Episode im Leben dieses außergewöhnlichen Mannes, die unter die Rubrik »Die Realität übertrifft die Fiktion« fällt, trug sich 1670 zu. Es gab zu dieser Zeit einen Abenteurer und Raufbold mit dem herrlich hollywoodesk klingenden Namen Colonel Blood. Geboren im County Clare, hatte es Thomas Blood, Sohn eines Grobschmieds, zu etwas gebracht. Während des englischen Bürgerkriegs trug der junge Blood zuerst des Königs Rock, lief dann aber über zum Heer der Roundheads. Als Lohn für diesen verräterischen Akt erhielt er große Ländereien in Irland, die er aber nach der Restauration wieder verlor. Auf diese Weise in eklatante Geldnot geraten, verfiel er auf den idiotischen Plan, die Burg von Dublin zu stürmen und Ormonde, den Lord Lieutenant, zu entführen und gefangen zu halten, um Lösegeld zu fordern. Der mit allen Wassern gewaschene Ormonde erfuhr jedoch von dem Komplott und stellte Blood und seinen Handlangern an dem in der Sheep Street gelegenen Burgtor eine Falle. Blood bekam seinerseits Wind von Ormondes List and floh nach Nordirland, wo er zuerst von den Presbyterianern und dann von den Katholiken versteckt wurde, bei denen er sich als Priester ausgab. Später ging er nach Holland, schloss sich danach einer Rebellion in Schottland an, kehrte kurz nach Dublin zurück und begab sich von dort nach London. Dort schmiedete er einen Plan zur Ermordung seines alten Feindes Ormonde, wobei der Auftrag, den Duke auszuschalten, möglicherweise insgeheim von George Villiers, Duke of Buckingham, kam, der Ormondes Rivale bei Hofe war.

Ormonde, der sein Amt als Vizekönig von Irland verloren hatte, war zu dieser Zeit wieder in London. Eines Nachts, er hatte mit dem Prinzen von Oranien diniert und fuhr nun in seiner Kutsche die St James's Street entlang, startete Blood seinen ebenso hoffnungslosen wie lachhaften Überfall. Hier Maurice Craigs Schilderung der Angelegenheit:

> Blood und sein Sohn zerrten den Duke aus seiner Kutsche, setzten ihn auf eines ihrer Pferde und ab ging's die Picadilly hinunter. Ormondes

Glück war, dass der Colonel ihn unter allen Umständen eigenhändig am Tyburn Tree aufhängen wollte. Er ließ seinen Gefangenen also in der Obhut eines seiner Männer zurück und machte sich daran, den Strick am Galgenbaum zu befestigen. Als er wiederkam und sein Opfer holen wollte, rangen Ormonde und sein Bewacher miteinander – auf dem Pferd, das durchging und in Richtung Knightsbridge preschte. Bis endlich Hilfe kam, waren beide vom Pferd gefallen und im Modder gelandet, wo sie sich weiter balgten. Der Colonel, der sah, dass mittlerweile die ganze Nachbarschaft aufgewacht war, gab ein paar Schüsse auf den Duke ab (verfehlte ihn jedoch) und galoppierte im Dunkel der Nacht von dannen.

Blood blieb auch weiterhin ein übler Schurke; sein größter Coup war der Versuch, die Kronjuwelen aus dem Londoner Tower zu rauben – gemeinsam mit seinem Schwager, einem gewissen Hunt, und einem Ganoven mit dem shakespearehaft anmutenden Namen Parrot, der den Reichsapfel verstecken sollte, indem er ihn sich vorn in die Hose stopfte. Wie nicht anders zu erwarten, ging die Sache schief, und das Trio wurde mit der Krone und dem notdürftig versteckten Reichsapfel geschnappt. Doch König Charles II. begnadigte Blood nicht nur, was alle überraschte, am meisten diesen selbst, sondern gab ihm auch seine Ländereien in Irland zurück, die jährlich fünfhundert Pfund abwarfen. Man kann sich gut vorstellen, wie sich Ormonde gefühlt haben muss, als er davon erfuhr.* Als Ormonde 1662, also nach der Restauration, nach Irland zurückkehrte, ging er gemeinsam mit dem Lord Chancellor, dem königlichen Schatzmeister Sir Maurice Eustace, unverzüglich daran, Phoenix Park zu realisieren. »Das eindrucksvollste Vermächtnis der vizeköniglichen Herrschaft über Dublin«, schreibt Christine Casey, »ist die weite, vielgestaltige Landschaft des Phoenix Park, des größten abgeschlossenen Stadtparks Europas.« Schon im Dezember 1662 hatte Ormonde Charles II. überzeugt, dem Erwerb von vierhundert Morgen teuren Landes nördlich der Liffey zuzustimmen, deren Eigentümer Eustace war. Maurice Craig meint dazu freilich: »Eustaces Motive waren ganz offenkundig weniger sauber als Ormond.« Bis zum Ende von Ormondes Amtszeit als Vizekönig im Jahr 1669 hatte der Park bereits £ 31 000 gekostet und sollte bis zu seiner Fertigstellung noch einmal halb so viel kosten.

* Blood hatte die zweifelhafte Ehre, in einem Gedicht verewigt zu werden, und zwar von keinem Geringeren als dem widerwärtigen Earl of Rochester, der in seiner *History of the Insipids* über ihn schreibt:

Blood, dieser Erzschurke im Priesterzwirn,
Der Ormond raubte und die Krone, der
Genießt des Königs Gunst! Steht auf der Stirn
Ihm auch Verrat. Treue frommt keinem mehr!
Drum auf! Entführen wir den König. Keine Bange!
Denn das, was Blood kann, können wir schon lange.

Nach Ormondes Vorstellungen sollte der Park den Anschein erwecken, als sei er nicht nur ein eleganter Grundbesitz, der die Villa des Vizekönigs umgibt, sondern ein königlicher Wildpark. Es wurde eine Abordnung nach England entsandt, um eine Herde Rotwild zu kaufen, auch Wildvögel wurden übers Wasser hergebracht, derweil Lord Ossory, Ormondes Sohn, Fasane von den Gütern der Familie holte. Allerdings sollte der Park auch von Anfang an ein Ort der Muße sein, an dem sich alle Welt vergnügen sollte und es auch tat. Der Park erlebte in den ersten Jahren schwierige Phasen, am schwierigsten war die, als Charles II. aus einer Laune heraus beschloss, ihn seiner Mätresse zu schenken, der berüchtigten Barbara Palmer, Duchess of Cleveland, die zu jener bewussten Familie Villiers gehörte, aus der auch Ormondes Feind, der Duke of Buckingham, stammte. Doch mit vereinten Kräften gelang es Ormonde und Eustace, die Besitzurkunde zu annullieren.*

• • • • •

Es mag schon sein, dass der Phoenix Park eine Zierde für die Stadt ist, doch ich persönlich hab mich dort irgendwie

* Craig: »… die Dame ließ sich mit Ländereien in England beschwichtigen (erstaunlicherweise); doch erst, nachdem sie Ormonde angezischt hatte, sie hoffe bloß, sie werde ihn noch hängen sehen. Der Duke erwiderte honigsüß, er für sein Teil wäre schon zufrieden, wenn er sie sehe, wenn sie alt geworden sei.«

nie recht zu Hause gefühlt; aber vielleicht ist es auch gerade umgekehrt, vielleicht hab ich mich dort zu sehr zu Hause gefühlt, hab eine vage Ähnlichkeit mit den Feldern und waldigen Hängen um meine Heimatstadt herum gesehen, die ich erst vor kurzem hinter mir gelassen hatte. Hingegen war St Stephen's Green im georgianischen »Superplus-B«-Herzen von Dublin mit seinen sanften Reizen, die Pope gewiss gefallen hätten, schon eher nach meinem Geschmack; gleichzeitig aber schien er mir mit seiner alles in allem doch allzu gepflegten Vornehmheit eher der Klage von Marvells Mäher zu entsprechen, er sei

> Grotte, Fontäne – alles künstlich und vermessen,
> Derweil die süßen Wiesen sind vergessen.

Iveagh Gardens, unweit von St Stephen's Green, ist ein eher unscheinbarer Park, ohne aufwendige Arrangements und mit einer leicht melancholischen Aura, für mich jedoch ist er gerade richtig und gefällt mir von allen Dubliner Parks am besten. Ich bin mir freilich gar nicht sicher, ob ich ihn auch allein gefunden hätte, so sittsam zurückgezogen, wie er daliegt hinter dem großen grauen Riff, das einmal das University College Dublin war und heute die National Concert Hall ist.* Ein Mädchen hat ihn mir gezeigt, in das

* Christine Casey hat für den imposanten Klotz nur ein Stirnrunzeln übrig: »Dieses Gebäude ist von einer solchen wuchtigen Massigkeit und schlichten Flächigkeit, dass nicht einmal der hellste Sonnenschein ihm seine trübsinnige Aura nehmen kann.«

mich zu verlieben ich zu der Zeit alle Hände voll zu tun hatte – vergeblich übrigens, wie sich erweisen sollte. Was ich damals nicht wusste, war, dass Stephanie – ja, dieselbe Stephanie, die wir vorhin schon einmal kurz im Tea Room des Grafton Picture House gesehen hatten – bereits vergeben war, weshalb unsere wenigen, von süßer Melancholie erfüllten Rendezvous an Orten stattfinden mussten, die den Augen der Öffentlichkeit von Dublin, einer der sensationslüsternsten, wachsamsten Städte überhaupt, tunlichst verborgen blieben.

Es gebe da einen geheimen Ort, erklärte sie mir, der offenbar sehr wenigen Leuten bekannt sei und wohin sich kaum jemals irgendwer verirre. Das erste Mal trafen wir uns während der Mittagspause in den Gardens zu einem raschen, aber ein für alle Mal unvergesslichen Stelldichein; sie brachte Sandwiches mit, ich hoffnungsfroh eine Flasche Wein, die allerdings, wie sich schließlich herausstellte, nicht die erwünschte Wirkung hatte. Der Wein war billig und ekelhaft, und Stephanie war ohnehin zu schlau, um sich von so einem glotzäugigen jungen Grobian beschwipst machen zu lassen, der weiter nichts im Sinn hatte als nur das eine, das Übliche.

Es war Frühherbst, als wir das erste Mal dorthin gingen, und unter einem Himmel wie von Poussin hatten die Bäume diesen Farbton wie vertrocknete Oliven, den sie annehmen, wenn es in die letzte Runde geht, und raschelten hoch über uns in der Luft, die blau wie Vogeleier war, sehnsüchtig-verträumt vor sich hin. Bevor wir uns zu unserem Picknick niederließen, bestand Stephanie darauf, mich herumzuführen und mir den Ort zu zeigen, den sie praktisch als ihre Privatsphäre betrachtete.

Ich sehe uns noch dort, so klar, wie der Septembertag es war, wie wir mit raschem Schritt die Kieswege neben den angenehm ungepflegten Rasenflächen entlanggingen, dort unter jenen ruhelosen Bäumen, auf der Suche nach einer abgeschiedenen Stelle, wo wir uns niederlassen könnten. Hier sind die Springbrunnen, dort die Bogenschießanlage – und ah, ich rieche den Duft, der zu uns heranweht von den letzten Blüten im Rosengarten da drüben, quer über den Weg! Es solle auch ein Labyrinth hier geben, erzählte sie, das habe sie jedoch noch nie entdeckt. Ich hielt ihre Hand. Das sei Zeitverschwendung, sagte sie, reine Zeitverschwendung; aber sie lächelte dabei und ließ zu, dass ihre Hand in meiner ruhte. Solche Augenblicke sind es, solche alltäglichen und doch ergreifenden Momente, aus denen die Vergangenheit, die so herbeigesehnte, sich zusammenfügt.

Die Iveagh Gardens haben natürlich ihre eigene Vergangenheit. Zum ersten Mal öffentlich erwähnt werden sie Mitte des achtzehnten Jahrhunderts unter der Bezeichnung Leeson's Fields. Das Land war an einen Bauunternehmer namens John Hutch verpachtet, der es als Garten einem Haus in der Harcourt Street zuschlug, das für den Obersten Richter John Scott, Lord Clonmell, erbaut worden war, einen leidenschaftlichen Trunkenbold, der allgemein unter dem schnurrigen und zweifellos treffenden Spitznamen Copper-faced Jack, also Jack mit dem kupferroten Gesicht, bekannt war.* Clonmell House wurde 1810 verkauft und die Fläche dahinter als Coburg Gardens für die Öffentlichkeit geöffnet. Anfang der 1860er Jahre erwarb Benjamin Guinness, ein Spross der Brauereifamilie, das Grundstück. Benjamin war, wie so viele andere Mitglieder der Familie Guinness damals und heute, ein philanthropisch gesinnter Mann und scheint das Gelände an eine Gesellschaft mit dem wohlklingenden Namen Dublin Exhibition and Winter Garden Company vermietet oder verpachtet zu haben, die daraus den Vergnügungspark der 1865 eröffneten Dublin International Exhibition of Arts and Manufacturing machte.

Das Ausstellungsgebäude, aus dem später das University College Dublin und schließlich die National Concert Hall werden sollte, galt seinerzeit, ohne Christine Casey zu nahe treten zu wollen, als großartiges Bauwerk. Es besaß einen angrenzenden Wintergarten, einen Kuppelsaal aus Glas und Stahl, dessen Konstruktion Casey zufolge auf ihre Sicherheit getestet wurde, indem man »dort kontrolliert Hunderte Arbeiter durchrennen und 600 Soldaten des 78. Infanterieregiments der Highlanders durchmarschieren ließ und mehrere tausend Kanonenkugeln dort entlanggerollt wurden«.

Unterdessen hatte Benjamin Guinness die Häuser Num-

* Passenderweise gibt es heute in der Harcourt Street einen nach ihm benannten Nachtclub, aus dem wohl manch ein Clubbesucher des Nachts vielleicht nicht kupferrot, sondern eher aschfahl im Gesicht getorkelt kommt, auf alle Fälle aber sturzbetrunken.

mer 78 bis 81 am St Stephen's Green erworben und sie zu einer eleganten Villa zusammenfügen lassen, dem Iveagh House, das heute Sitz des irischen Ministeriums für auswärtige Angelegenheiten ist; nach dem Ende der Ausstellung verlangte Guinness das Gelände des Parks zurück und beauftragte den Landschaftsarchitekten Ninian Niven – was für klangvolle Namen es doch damals gab, in jenen längst vergangenen Tagen! – mit der Neugestaltung, wobei er sich eine Kombination von französischem und englischem Parkstil wünschte. 1908 schenkte Benjamins Sohn Edward Guinness, 1st Earl of Iveagh, den Park dem University College, das ihn Edward zu Ehren in Iveagh Gardens umbenannte.

Als ich die Iveagh Gardens kennenlernte, die heute beide hinten an die National Concert Hall und das Ministerium für auswärtige Angelegenheiten grenzen, waren sie bereits wieder auf eine angenehme Weise vernachlässigt.

Der Park ist nicht groß, er hat in etwa die Größe eines Fußballfelds, würde ich sagen. Zu seinen Attraktionen gehören rustikale Felsengrotten und ein Wasserfall, zwei Springbrunnen, waldiges Gelände und ein Stück Wildwuchs, ein Rosengarten, wie ich aus den Reiseführern erfahre, ein amerikanischer Garten, Bogenschießanlangen, Stein- und Wurzelgärten – ich muss gestehen, dass ich nicht genau weiß, was unter Letztgenannten zu verstehen ist – und ein Irrgarten. Ganz besonders gefiel mir die Möglichkeit, dass es eines von diesen geheimnisvollen Labyrinthen geben könnte, denn sooft ich auch in diesem

Park gewesen bin, so ist es mir doch nie geglückt, genauso wenig wie damals Stephanie, dasselbe jemals zu entdecken. Es mag schon sein, dass man aus einem Labyrinth nicht wieder herausfindet, aber ein Labyrinth, das man gar nicht erst findet, ist, wie mir scheinen will, ein wahrlich wundersames Ding, eine Metapher wie aus einem Wundermärchen von Borges. Wenn ich es mir so überlege, gäbe es sicher schlechtere Arten, ein Leben nach dem Tod, falls so was denn – grauenhafte Vorstellung – wirklich existieren sollte, durchzustehen, als indem man à la Borges endlos im Kreis herumläuft auf der Suche nach der ständig wieder entfleuchenden Attraktion eines solchen Gartens im Garten.

Mitte der neunziger Jahre leiteten die Dubliner Stadtwerke eine Renovierung der Iveagh Gardens in die Wege. Da ist sicher gute Arbeit geleistet worden, aber mir war der Park in seinem vormaligen prälapsarisch zerzausten Zustand lieber, als ich dort sehnsuchtsvoll meinem Mädchen den Hof machte, das gar nicht mein Mädchen war. Parks – und wir wollen zugestehen, dass dieses Fleckchen Erde sich durchaus nicht ohne Erfolg darum bemüht, ein Park zu sein – sind zwiespältige und bisweilen sogar recht düstere Orte. Erinnern Sie sich an Antonionis *Blow-Up*? Wie könnte jemand, der diesen Film gesehen hat, das nervöse Rauschen der Bäume im Soundtrack vergessen, wenn David Hemmings als Modefotograf eine Filmrolle mit Schnappschüssen entwickelt, die er in einem Londoner Park gemacht hat, und dabei entdeckt, dass er offenbar einen gerade stattfindenden Mord aufs

Zelluloid gebannt hat? Und dann diese regelmäßigen Parkbesucher, die anscheinend immer *irgendwas im Schilde führen.* Man kommt an einer Gestalt vorbei, die mit fest geschlossenen Augen im Gras kauert, den Kopf in die Hand gestützt, die Kleidung ganz derangiert, und geht weiter mit der unbehaglichen Frage im Sinn: *Der hat doch geschlafen, oder …?* Diese ganz leise Ahnung von einer lauernden Gefahr ist im Park genauso Teil des Vergnügens wie die Springbrunnen, die Blumenbeete und der Duft der Herbstrosen.

Und dann die Statuen. Ich bedaure, sagen zu müssen, dass diese in den Iveagh Gardens ausgesprochen dünn gesät sind. Der Zwillingsspringbrunnen ist mit zwei einander gegenüberstehenden identischen muskulösen Engeln bemannt, die übrigens unverhältnismäßig große Hände haben – wohl um die Rechtschaffenen den Fängen des Bösen zu entreißen? –, und auf Betonsockeln stehen zwei unterlebensgroße weibliche Figuren von unbestimmtem Äußeren herum, beide ohne Nase, bei beiden sind die Gesichter von Flechten verschandelt, und beide blicken starr zu Boden, anscheinend in einer Mischung aus Überdruss und durch nichts zu lindernder Niedergeschlagenheit. »Ein paar Abgüsse von Göttern und Najaden sind noch da«, bemerkt Christine Casey betrübt. Das war nicht immer so: »In einem Bericht von 1872 sind figürliche Darstellungen von den Geistern des Landes beschrieben, eine davon, die Erin, auf Kleeblättern sitzend, dazu Versinnbildlichungen der Vier Provinzen und von St Patrick.« Irgendwie ist mir nicht danach, das Nichtmehr-

vorhandensein dieser symbolischen Gestalten zu beklagen. In einer Ilexlaube steht mit offenem Mund, wie ein Vogeljunges, das gefüttert werden will, eine moderne Plastik, nämlich eine glänzende und gleichzeitig matte Bronzestatue des Tenors John McCormack. Er sieht so furchtbar traurig aus, wie er dasteht in seiner Pose und dem achtlosen Grün rings um ihn herum all seine stummen Lieder schenkt. Aber ich nehme an, im Jardin du Luxembourg, im Kreise seiner vielen heldenhaften Gefährten, die ihn verzwergen würden, wäre er auch nicht froh.

Das letzte Mal war ich in Begleitung meiner jüngeren Tochter in den Iveagh Gardens. Sie war damals sechzehn. Ich hatte sie mitgenommen, um ihr eine Stelle zu zeigen, die mir etwas bedeutet, weil ich dort einst so herrlich und so unglücklich verliebt war. Doch zu meiner großen Überraschung musste ich feststellen, dass sie die Stelle bestens kannte. Es stellte sich heraus, dass ihr Freund ganz in der Nähe wohnte und sie sich unter der Woche nach der Schule ausgerechnet hier trafen, um spazieren zu gehen und einfach zusammen zu sein, die wichtigen Tagesereignisse zu besprechen, mehr übereinander zu erfahren und zu lernen, wie man erwachsen wird. Als sie mir das erzählte, auf ihre nicht unfreundliche, aber lässige Art – wie gänzlich taub ist doch die Jugend für das stolpernde Pochen eines alt gewordenen Herzens –, spürte ich auf einmal die magische Zeitlosigkeit solcher Orte und der Zwecke, die wir ihnen geben. Wir verändern uns, wir altern, wir bleiben oder ziehen fort, und wenn es an der Zeit ist, enden wir. Der Park jedoch, er bleibt bestehen. Das ist doch ein Gedanke, will ich meinen, der selbst dem betrübtesten Herzen immerhin ein kleines bisschen Trost spenden kann.

• • • • •

Die Delahayes, die Familie meiner Stephanie, war protestantisch. Es hieß, sie stammten von den Hugenotten ab, und in meinen Augen waren sie tatsächlich eine so exotische und archaische Erscheinung, dass ich mich kein bisschen gewundert hätte, wenn sie mir Perücken tragend und in Wams und Kniehosen entgegengetreten wären. Bevor ich die Familie kennenlernen durfte, war ich noch kaum mit echten, leibhaftigen Protestanten in Berührung gekommen und hatte gewiss noch nie zuvor mit einer Ansammlung unserer abgeschiedenen Brüder so verkehrt wie mit den Delahayes, nämlich auf – zumindest vorgeblich – gleicher Augenhöhe. Sie wohnten am Fitzwilliam Square, also in einer Gegend, die zu jener Zeit die Dubliner Entsprechung der Harley Street war und es vielleicht noch immer ist, wo fast ausschließlich Mediziner in Nadelstreifen residieren oder »Männer, die dir bei jedem Besuch fünf Guineen abknöpfen«, wie meine Tante Nan sie verächtlich nannte. Einer dieser Modedoktoren hatte seine »Räume« im Erdgeschoss des Delahaye'schen Hauses, während die Familie selbst die oberen Stockwerke und das Souterrain bewohnte.

Die Familie war recht zahlreich. Stephanie war das einzige Mädchen, aber es gab noch fünf Brüder, der Kleinste ein Krabbelkind namens Gervaise – es kam mir irgendwie absurd vor, dass so ein winziges, herumtapsendes, rotznäsiges Geschöpf solch einen hehren, ja geradezu heraldischen Namen haben sollte –, bis hin zu einem stämmigen Rüpel von um die zwanzig mit einem wahrhaft furchterregenden Gebiss, das weiß aufblitzte, wenn er grinste, und, wie ich fand, ein bisschen aussah wie eine primitive Vorrichtung, mit der die Eskimos Fische fangen oder Seehunde abwehren. Er hieß Thomas, doch in der Familie nannten sie ihn – natürlich, weil er so ein Riese war – nur Tiddler, was so viel wie Knirps bedeutet.

Bei den Delahayes herrschte allgemein die Sitte, einander mit milde spöttisch gemeinten Kosenamen anzusprechen. Mrs Delahaye, die etwas von einem Vogel hatte, leicht gebeugt ging und sich das schellackartig spröde wirkende Haar lackschwarz färbte, hörte auf den doch eigentlich ganz hübschen Namen Lavinia, aber die Kinder nannten sie aus irgendeinem Grunde Mags, und ihren Mann hörte ich immer nur »Old Girl« zu ihr sagen. Mags rauchte eine Gitanes nach der anderen – ihre »Sargnägel«, wie sie sie bitter nannte –, wodurch das ganze Haus wie ein französisches *bistrot* roch. Außerdem stellte sich heraus, dass sie eine heimliche Trinkerin war, jedenfalls vor mir hat sie es in der Anfangszeit verheimlicht. Ihr Lieblingsgesöff war, wie ich schließlich entdeckte, Gordon's Gin, gemischt mit – kaum zu glauben – diesem an Eierpunsch erinnernden Zeug von Bols, dem holländischen Schnapsfabrikanten mit dem lustigen Namen; das Zeug hatte die Farbe von schaumig geschlagenem Eigelb und so eine schleimige Konsistenz – Advocaat war der Name, ist mir grad wieder eingefallen.

An Thomas-Tiddler erinnere ich mich ganz genau, und an Gervaise kann ich mich ebenfalls erinnern, wenn auch nicht so deutlich, die drei mittleren Brüder aber sind in meiner Erinnerung zu so einer Art mehrköpfigem, halbfertigem Ungeheuer verschmolzen, weshalb ich sie hier unter der Sammelbezeichnung das Cerberus auftreten lassen will. Sie haben Stephanie gnadenlos gehänselt; es hat ihnen Spaß gemacht, sie »Steph« zu nennen, obwohl sie wussten, wie sie diese Abkürzung hasste, und sie ließen keine Gelegenheit aus, sie vor dem Rest der Familie und vor mir lächerlich zu machen. Ich erinnere mich, wie einmal sonntags beim Essen irgendwem versehentlich ein Klecks Himbeerkonfitüre auf einen der Esszimmerstühle getropft war und das Cerberus meine arme Liebste mit vereinter Stimmenkraft im Chor anbrüllte, sie habe »doch, verdammt noch mal, schon wieder die ganze Einrichtung mit Blut vollgesaut«. Meine Anwesenheit in ihrem Hause, wiewohl sie nur von kurzer Dauer war, nahm das Cerberus zum Anlass, sich freudig die Hände zu reiben. Es äffte meinen Culchie*-Akzent nach – mir war gar nicht bewusst, dass ich einen solchen hatte – und gab sich alle Mühe,

* Das Wort »culchie«, auf Deutsch so viel wie Landei oder Bauerntölpel, ist die verächtliche Bezeichnung der Dubliner für die Landbevölkerung und leitet sich angeblich her von Kiltimagh, einer durch und durch unschuldigen Stadt im County Mayo. Wie aus einer Verballhornung des Städtenamens ein Synonym für Hinterwäldlertum werden konnte, vermag niemand zu erklären, obwohl die Herkunft als gesichert gilt – zumindest nach Meinung der Dubliner.

mich in erbitterte Diskussionen zu bukolischen Themen wie Rübenhacken und Miststreuen zu verwickeln, von denen ich genauso wenig Ahnung hatte wie die drei, wenn nicht sogar noch weniger. Ich hasste das Cerberus von ganzem Herzen, was diese Bestie freilich bloß veranlasste, ihre zahlreichen Schnauzen zu erheben und nur umso freudiger zu geifern.

Der Vater der Delahayes war groß und dick, rau, aber herzlich, mit roten Backen und fast gänzlich kahl, abgesehen von einem geradezu rührenden Kranz vorzeitig ergrauter Locken, der an einen runtergerutschten Heiligenschein erinnerte, wodurch er – jedenfalls in meinen Augen – ein bisschen aussah wie einer der fröhlicheren und nicht ganz so zügellosen Päpste aus der Renaissance. Sein Name war Victor, und das Cerberus nannte ihn natürlich Vicky, allerdings nur hinter seinem Rücken, denn ihm war nicht bewusst, was für eine Kraft er hatte, und die Ohrfeigen, die er seinen Jungs mit Leidenschaft verpasste – Stephanie liebte er zärtlich und hätte nie auch nur die Stimme gegen sie erhoben –, waren so heftig, dass selbst der große starke Tiddler sich nur mit Mühe auf den Beinen halten konnte.

Père Delahaye war ein ehemaliger Rugbyspieler – ein »rugger-bugger«, wie er gern sagte und dazu schallend lachte – und war mehrfach bei internationalen Wettkämpfen für Irland aufgelaufen. Mir war nie richtig klar, womit er eigentlich sein Geld verdiente, ich wusste bloß, dass er was mit Juristerei zu tun hatte; ich vermute, er war Anwalt oder vielleicht Strafverteidiger. Jedenfalls war er offenbar erfolgreich in seinem wie auch immer gearteten Beruf, denn es war nicht zu übersehen, dass die Familie, so raubeinig, grob und chaotisch sie auch sein mochte, auf eine dezente Weise wohlhabend war. Dass sie Geld hatten, erkannte man daran, was bei ihnen auf den Tisch kam – Lebensmittel von Findlater, Weine von Mitchell, Gänsestopfleber von Smyths on the Green – und wie sie sich kleideten, nämlich in Dublin bei Brown Thomas und bei Switzers und in London bei Harrods, wohin Stephanie und ihre Mutter zweimal im Jahr reisten, um sich mit Sommer- und Wintergarderobe einzudecken.

Die Familie machte auch Urlaub im Ausland, was damals äußerst selten war, zumal bei einfachen Leuten von der Sorte, zu der ich gehörte. Sie unternahmen allerdings auch Kurzreisen zu ungewöhnlichen Orten: zum Beispiel nach Guernsey und zur Isle of Man; heute frage ich mich, ob Mr D. dort vielleicht Konten besaß und diese Ausflüge als Vorwand nutzte, um sich um sein Geld zu kümmern.

Bei den Delahayes ging es extrem laut zu, und es ist mir ein Rätsel, wie Mr O'Grady, der Gynäkologe im Erdgeschoss, und seine Patientinnen diesen Krach ertragen konnten. Häufig hallte das dröhnende Getrappel jugendlicher Füße durchs Treppenhaus, und in den Badezimmern rauschte unentwegt die Wasserspülung; wenn das Cerberus Stephanie wieder mal gehänselt hatte, hörte man sein johlendes Gelächter und ihr wütendes Gekreisch. Auch pflegte Mr Delahaye mit seinem dröhnenden Bass zu singen, wenn er in weiten, flatternden Manchesterhosen und ärmellosen kanariengelben Pullis im Haus herumhantierte. Am liebsten sang er Arien von Gilbert und Sullivan sowie irgendwelche obskuren Music-Hall-Schlager wie »If It Wasn't For the 'Ouses In Between«, »Boiled Beef and Carrots«, »When Father Papered the Parlour«, wobei er stets den halben Text vergaß und sich auch bei der Melodie immer mal wieder vergriff.

Die Einzige im Haus, die keinen Lärm machte, war Mrs Delahaye, die arme angesäuselte Mags. Sie begnügte sich damit, ein unentwegtes leises Zwitschern von sich zu geben, das kein richtiges Sprechen war, sondern eher so eine Art zerstreutes, unverständliches Abstreiten, als glaubte sie, von lauter Leuten umgeben zu sein, die sie fortwährend mit Fragen bombardierten, die sie weder beantworten noch verstehen konnte. Meine Anwesenheit schien sie zu verblüffen, und wenn sie mir begegnete, zuckte sie jedes Mal leicht zusammen, was sie sich mit einem vagen, leicht gequälten Lächeln zu verbergen beeilte, indem sie den Kopf zur Seite neigte und ihre ganze Haltung eine missglückte Bitte um Verzeihung ausdrückte. Vielleicht hielt sie mich für einen ihrer Söhne, den sie – völlig unerklärlich – irgendwo vergessen hatte und der jetzt auf mysteriöse Weise wieder zu ihr zurückgekehrt war. Sie sprach mich selten direkt an, aber wenn sie es tat, dann holte sie aufs Geratewohl, gleichsam aus einem Karteikasten in ihrem Kopf, irgendeinen Namen hervor: James, Joseph oder Gerald und einmal sogar Jasper, was ziemlich absurd war.

Trotz der lärmenden, wenn auch bisweilen etwas herzlosen Gutgelauntheit im Hause Delahaye lag hinter alldem doch eine kaum wahrnehmbare Beklommenheit, deren Wesen oder Quelle mir erst viele Jahre später klar wurde, als ich in Harold Nicolsons Tagebüchern aus dem Jahr 1934 las, wie er James Joyce einmal bei sich zu Hause in Paris in der Rue Galilée besuchte und die Wohnung »so steif und unpersönlich wie ein Hotelzimmer« fand. Eine wunderbare kleine Skizze, ein Paradebeispiel für dieses Genre. Für Nicolson hatte Joyce »die schönste Stimme, die ich kenne – weich und geschmeidig, mit leicht gurgelndem Unterton«, wohingegen der Mann selbst in seinen Augen eine entschieden sonderbare Kreatur war.*

Die Atmosphäre in dem winzigen Zimmerchen, in dem sie sich im Beisein von Joyces erwachsenem Sohn Giorgio trafen, war eigenartig und angespannt, und während Nicholson die zwei Männer, Vater und Sohn, beobachtete, hatte er das deutliche Gefühl, »dass sie auf irgendetwas lauschten, das in der Wohnung vor sich ging«.

So war es auch bei den Delahayes, das ist mir nachträglich klar geworden. Alle rannten herum und machten Radau, die Söhne balgten sich und brüllten, der Vater schmetterte seine albernen Songs, und dabei lauschten alle miteinander insgeheim auf irgendetwas, lauschten angespannt. Ich nehme an, die Joyces fürchteten, die Schreie von Lucia, der armen verrückten Tochter des großen Mannes, zu hören; bei den Delahayes dürfte Mags

* Er wirkte auf ihn wie »ein äußerst feinnerviges, vornehmes Tier – eine Gazelle in einem Wohnzimmer«.

der Grund für diese nervöse Anspannung gewesen sein, die dort immer geherrscht hat. Ich habe nie ein lautes Wort von ihr gehört, aber vielleicht hat sie sich nur immer, wenn ich da war, besonders gut benommen, obwohl man jeden Moment damit rechnen musste, dass sie in trunkene Raserei verfällt und wie eine Wilde herumzufuchteln beginnt.

Für gewöhnlich gab es im Hause Delahaye außer mir noch einen zweiten Gast – fast hätte ich gesagt, einen Eindringling; das war ein ungemein bleicher junger Mann, der immer Schwarz in Schwarz gekleidet war: schwarzer Anzug, dazu schwarze Krawatte, langer schwarzer Mantel und manchmal solche unheimlichen Handschuhe aus ganz weichem schwarzem Leder – würgermäßig. Sein Name war Fitzirgendwas – Fitzmaurice oder Fitzmorris, glaube ich –, obwohl das Cerberus ihn immer nur Pierrepoint nannte, wie Pierrepoint der Henker. Er war hochgewachsen und ungemein dünn, hatte eine markante krumme Nase und trug eine Brille mit einem sehr dünnen Metallgestell. Er rauchte mit einer Zigarettenspitze, genau wie Father Lee, und wenn ich's mir recht überlege, hatte er überhaupt so etwas Priesterliches an sich. Seine Fingernägel, die er sehr lang wachsen ließ, waren vom Nikotin fast bernsteinfarben und nie richtig sauber. Irgendwie schaffte er es jedes Mal, vor mir da zu sein, und war auch immer schon vor mir weg, obwohl ich mich nicht erinnern kann, jemals gesehen zu haben, wie er die Wohnung verließ. Ich löcherte Stephanie, weil ich wissen wollte, wer er war, doch sie schürzte bloß die Lippen, zog eine Schulter hoch und sagte mit abweisendem Achselzucken: »Ach, das ist so eine Art Cousin.«

In Pierrepoints Gegenwart ging Mags richtig aus sich heraus und war nicht so unverbindlich wie mir gegenüber; sie drängte ihm ständig irgendwas Gutes auf. Wenn ich kam, war er schon da, saß bequem vorne im Wohnzimmer in einem Sessel an dem großen Erkerfenster, das auf den Platz hinausging, neben sich auf einem Tischchen ein Glas Sherry oder Port und ein Stück Pflaumenkuchen; auf der Armlehne des Sessels lagen, fein säuberlich gebündelt, seine Handschuhe, die fest gebundene Krawatte saß niemals schief, und auf den Spitzen seiner glänzenden schwarzen Brogues ließ das durchs Fenster hereinfallende Licht zwei identische Sterne funkeln. Zu mir war er ausgesprochen höflich – höflich, aber distanziert, wobei es mir immer schien, als spiele um seinen Mund, der mit den geschürzten, feminin rosigen Lippen einer kleinen Rosenknospe glich, ein Anflug eines spöttischen Lächelns.

Als Anwohner durften die Delahayes den abgezäunten Garten in der Mitte des Platzes benutzen. An eher sonnigen Tagen – der Herbst schritt allmählich voran, und draußen wurde es immer trüber – nahm Stephanie einen riesigen eisernen Schlüssel, der so groß und so schwer war, dass man den schwarzgewandeten Professor Plum im Wohnzimmer ohne weiteres damit hätte erschlagen können, vom letzten Haken der Flurgarderobe hinter der Wohnungstür, ging damit über die Straße und öffnete das kleine alte Gartentor, das so hinfällig war, dass es nur noch durch zahllose hucke-

lige Schichten von glänzendem schwarzem Lack zusammengehalten wurde.

Auch das war einer meiner heimlichen Lieblingsorte, einer, der noch intimer und mit Sicherheit noch einsamer war als die Iveagh Gardens.

Dann gingen wir die schmalen Pfade entlang, unter den herabhängenden Bäumen und zwischen den nasskalten Sträuchern, auf deren gummiartigen Blättern stets diamantene Tropfen glitzerten, sogar an trockenen Tagen – wobei um diese Jahreszeit hat es ja immer gerade eben noch geregnet. Wie besinnlich und erwartungsvoll im Herbst doch alles aussieht, jedenfalls viel erwartungsvoller als im Frühling. Selbst Keats vermochte die Erstarrung und das verhohlene Aufbegehren der sterbenden Jahreszeit nicht mit einer solchen Prägnanz und Präzision einzufangen, wie Philip Larkin es in einem kleinen Gedicht aus dem Jahr 1961 tut, von dessen Veröffentlichung er unerklärlicherweise absah und dem er noch nicht mal einen Titel gab:

> Und plötzlich haben nun die Blätter keine Kraft
> mehr.
> Verfallend stehen Türme, still, fahl, längs der Gassen,
> Und aus den Treppenfenstern sehn wir, oder quer
> Durch Gärten, wie Nachmittage erröten. Lassen
> Nachtwinde kommen, bringen Regen: und dann
> jagen
> Blätter hinter warmen Bussen her, sie sprenkeln die
> in Stein gehauene Luft,

Scharen in Ecken sich zusammen, holen ver-
schwommene Männer raus, die Besen tragen
Durch Nebel früh am Morgen …

Und der Herbst, nicht der Frühling und erst recht nicht der Sommer, ist die Jahreszeit der Liebe. Stephanie Delahaye hab ich geliebt, diese paar Wochen Ende September und Anfang Oktober, habe sie hilflos geliebt, mit gleichsam verzweifelter Zärtlichkeit.

Worüber haben wir geredet, wenn wir den Platz umrundeten oder uns auf eine der feuchtkalten Eisenbänke setzten? Ich habe es vergessen; worüber reden die Jungen? Ich weiß noch, dass ich mich mit ihr über Pascal gestritten habe, über eine Stelle, die ich in den *Pensées* gelesen hatte; sie war der festen Überzeugung, dass ich da etwas missverstanden hätte. Das erweckt den Eindruck, dass wir beide wunderbar belesen waren, aber heute weiß ich, dass wir uns bloß voreinander aufgespielt haben mit unserem Pseudowissen über ein Thema, von dem wir in Wahrheit alle beide so gut wie keine Ahnung hatten. Pascal!

Kennengelernt hatten wir uns im Lantern Theatre, als dieses in einem Souterrain am Merrion Square untergebracht war, gleich um die Ecke von der Mount Street. Zu dieser Zeit gab es in Dublin jede Menge kleine Theater. Da war das Eblana im Keller an einer Bushaltestelle, das Focus von Deirdre O'Connell in einem Pferdestall in einer Seitenstraße der Pembroke Street und das Gas Company Theatre, das allerdings draußen in Dún Laoghaire war und wo man durch die dämmerigen Ausstellungsräume gehen und sich zwischen den gespenstischen weißlichen Silhouetten irgendwie mürrisch wirkender Gasherde jeglichen Typs und jeder Form hindurchschlängeln musste, und natürlich das Pike in der Herbert Lane, das von Alan Simpson und Carolyn Swift gegründet worden war. Im Pike kamen 1955 sowohl die erste unzensierte englischsprachige Inszenierung von *Warten auf Godot* – in London hatte der Lord Chamberlain noch auf Änderungen und Streichungen bestanden – als auch Brendan Behans *Spaßvogel* heraus.

Das Pike wurde 1957 bekanntlich von der Polizei gestürmt, die erfahren hatte, dass *Die tätowierte Rose* von Tennessee Williams, das Stück, das man dort für die Eröffnung des Dublin Theatre Festival einstudierte, »anstößige« Stellen enthalte und Simpson und Swift sich strafbar machen würden, wenn sie die Proben nicht sofort einstellten. Die Proben gingen weiter, und prompt wurde Simpson am nächsten Tag verhaftet wegen »Vorbereitung einer unanständigen und gotteslästerlichen Darbietung zum Zwecke der eigenen Bereicherung«. Daraufhin gab es sowohl in Dublin als auch international Proteste, und nach einem absurden juristischen Gerangel, das sich noch das ganze darauffolgende Jahr über hinzog, wurden die Vorwürfe gegen Simpson schließlich fallengelassen. In Dublin zweifelte kaum jemand daran, dass die ursprünglichen Einwände gegen die Inszenierung der *Tätowierten Rose* direkt aus dem Palast des Erzbischofs gekommen waren: Einmal mehr hatte John Charles McQuaid mit eiserner Hand in das künstlerische Leben beziehungsweise Halbleben von Dublin eingegriffen.*

Jahre später, Anfang der Siebziger, traf ich Alan Simpson im Bailey bei der Buchpremiere von Christy Browns *Ein Fass voll Leben* – es war die Verlagsparty, zu der mein Verleger David Farrer eigens aus London angereist war – und fragte ihn nach dem Stand der Dinge. Simpson, verbindlich und elegant wie immer, erzählte mir lang und breit, in einigermaßen blumigen Worten und mit allen Einzelheiten, was passiert war; allerdings war er so betrunken, dass ich kein Wort von dem, was er sagte, verstand und darum den Kern der Sache nicht mitbekam. Aber andererseits waren bei dieser Party alle betrunken – die Getränkerechnung des Abends war legendär und

* 1958 kam es erneut zu Beeinträchtigungen des Dublin Theatre Festivals: Sean O'Casey wurde aufgefordert, Änderungen an seinem Stück *Irische Trommeln* (OT *The Drums of Father Ned*) vorzunehmen, worauf er das Stück umgehend vom Festival zurückzog; dann erzwang das Bord Fáilte – jawohl, ausgerechnet das Tourismusministerium –, dass *Bloomsday,* eine Bühnenadaption des *Ulysses,* zurückgezogen wurde. Beckett hatte dem Pike Theatre zunächst gestattet, *Alle, die da fallen* (OT: *All That Fall*) und *Endspiel* (OT: *Endgame*) zusammen auf die Bühne zu bringen, schrieb jedoch am 27. Februar 1958 an Carolyn Swift:

> Ich ziehe alles zurück. Solange die Verhältnisse in Irland so sind, wünsche ich nicht, dass meine Arbeiten dort aufgeführt werden, und zwar weder bei Festivals noch sonst. Wenn keiner Protest erhebt, werden sie ewig so bleiben. Dies ist der stärkste, den ich erheben kann.

sollte in der britischen Verlagsbranche noch jahrelang Gesprächsthema bleiben.

An dem Abend, als ich Stephanie im Lantern Theatre begegnete, wurde jedenfalls ein Stück von Shakespeare gespielt, ich weiß bloß nicht mehr, ob es *Julius Cäsar* war oder *Titus Andronicus.* Eines weiß ich allerdings noch ganz genau: Es war eine wunderbare Vorstellung, trotz – oder vielleicht gerade wegen – der beengten Verhältnisse im »Auditorium«; die Leute in den ersten zwei, drei Reihen bekamen jedes Mal, wenn ein Schauspieler an die Rampe trat, um eine besonders leidenschaftliche Rede zu halten, einen wahren Spuckeregen ab. In der Pause stieg ich die Treppe hinauf und blieb oben am Zaun stehen, um eine Zigarette zu rauchen. Es war noch nicht richtig Nacht, ein gespenstischer weißlicher Dunstschleier hing über den Bäumen auf dem Platz, und ich spürte eine feuchte Kälte, die mein Gesicht und meine Handrücken wie mit einem feinen Film überzog.

Das halbe Publikum war wie ich da draußen auf dem Gehweg, die Leute standen rum mit leerer Miene, als wüssten sie nicht, wohin mit sich, wie Theaterbesucher eben in der Pause aussehen. Die Einzige, die mir auffiel, war Stephanie. Sie war schmächtig, hatte eine beinah knabenhafte Figur. Ihr schulterlanges dunkles Haar war in der Mitte gescheitelt – der Anblick ihrer blassen, am Scheitel durchschimmernden Kopfhaut ging mir durch und durch, was ich mir nicht erklären konnte. Ihre Nase war ein bisschen dicklich, doch ich fand sie unaussprechlich reizend; ihre Augen gingen außen ein klein wenig nach oben, was ihr eine leicht orientalische Note gab, besonders wenn sie sich vorbeugte und den Kopf senkte. Sie schien allein hier zu sein, was schon für sich genommen eigenartig war – die Sitten waren damals ja so streng, dass ein »hübsches« Mädchen ohne Begleitung nirgendwohin gehen durfte, außer zur Beichte. Ich bot ihr eine Zigarette an, wobei mich der unbehagliche Gedanke an die lahme Hure in der Mount Street streifte, doch sie lächelte mit zusammengepressten Lippen und schüttelte den Kopf. Sie rauche nicht, sagte sie. Sie sei achtzehn. Sie wohne hier ganz in der Nähe. Ach wirklich? Ich auch. Nach diesem halbherzigen Geplapper verfielen wir wieder in Schweigen, und Stephanie schaute nachdenklich zu Boden und malte mit ihrer Schuhspitze Kringel aufs Pflaster. Und dann entfernte sie sich mit diesem aufgesetzt abwesenden, kühlen Gesichtsausdruck, mit dem sich Mädchen aus einer Gesprächssituation zurückziehen, bei der nichts herauskommt.

Als das Stück zu Ende war und wir die Treppe zur Straße hinaufgestiegen waren und hinaustraten ins fließende Dunkel der Nacht, schob ich mich entschlossen durchs Gedränge, bis ich an ihrer Seite war. Ich fragte, ob ich sie nach Hause bringen dürfe. Sie sagte, ihr Bruder komme sie abholen. Doch oben an der Treppe wartete niemand. Stephanie zögerte verunsichert, wich meinem Blick aus. »Der ist nie pünktlich«, murmelte sie, mehr zu sich selbst als zu mir. Ich schlug vor, wir könnten uns doch schon in Bewegung setzen und ihm entgegengehen. Sie zuckte die Achseln, sagte nichts, wir gingen los. Wir wechselten kein einziges Wort, bis an der Ecke Fitzwilliam Street Tom Tiddler vor uns aufragte, riesig und vierschrötig in seinem braunen Dufflecoat. Er begrüßte mich mit einem Grinsen – er war wirklich ein anständiger Kerl –, wobei er sein furchteinflößendes Gebiss entblößte. Ich nannte ihm meinen Namen und er mir seinen. Stephanie sah weder ihn noch mich an und ging einfach weiter. Tiddler zog die Brauen hoch und sah mich fragend an, ich sagte nichts, da grinste er wieder und machte kehrt, um ihr zu folgen. Einen vielversprechenden Anfang kann man das wohl schwerlich nennen. Aber sei's drum, ich war verliebt. Während ich zusah, wie Stephanie und ihr Riese von Bruder im Nebel verschwanden, kam ich mir vor wie Humphrey Bogart in *Casablanca;* oder besser wie Marcello Mastroianni in Antonionis *Liebe 1962*.

Sie hatte mir keine Telefonnummer gegeben und hatte mir auch nicht ihre Adresse genannt, wie habe ich sie also wiedergefunden? Dieses Mosaiksteinchen fehlt mir. Aber ich habe sie gefunden.

Ich weiß wirklich nicht, was die Familie von mir gehalten hat. Zu jener Zeit galt es als ausgemacht, dass ein Junge und ein Mädchen nicht einfach bloß Freunde sein konnten, und jeder – außer mir – wusste, dass ich nicht Stephanies Freund war. Was also war ich dann? In einem katholischen Haus wäre meine gelegentliche Anwesenheit wohl kaum erlaubt worden, es sei denn, wir hätten alle so getan, als gelte diese nicht Stephanie, sondern ihren Brüdern.

Dennoch machten wir so weiter, und zumindest ich war der Meinung, dass wir zusammen waren. Ich ging mit ihr ins Kino, wo sie mir erlaubte, ihre aufregend kühle schmale Hand zu halten, und Tee trinken ins Grafton Picture House; einmal trauten wir uns sogar in die Palace Bar, wo uns der Barmann zwar misstrauisch beäugte, uns aber trotzdem zwei Bier gab. Wir gingen im St Stephen's Green spazieren und saßen am Fitzwilliam Square zwischen den feuchtkalten bläulichen Schatten. Wir standen an der Lower Mount Street auf der Brücke über den Canal und beobachteten einen Reiher, der dort neben der Schleuse jagte; ergriffen betrachtete ich den klaren, gefährlich scharf gezeichneten Umriss dieses Wesens, den langen Schnabel, der aussah wie ein liebevoll gestalteter Ritualdolch. Sie zeigte mir die Iveagh Gardens. Ich sagte ihr, dass ich sie liebe, doch sie schloss nur die Augen und lächelte mit fest zusammengepressten Lippen, so wie sie immer lächelte, und schüttelte den Kopf. Trotzdem durfte ich sie küssen, trocken, züchtig. Sie hatte einen berauschenden Geruch, wie nach Rosenblättern, die in leicht angesäuerter Milch eingeweicht sind.

Dann kam der Tag, an dem ich einen Umschlag fand; persönlich zugestellt, wartete er auf mich hinter der Tür des Hauses in der Mount Street. Ich erkannte nicht die Handschrift, aber dennoch wusste ich, von wem die Nachricht war. Es schnürte mir die Kehle zu, noch ehe ich zu lesen angefangen hatte. Keinen Sinn ... tut mir sehr leid ... dich wirklich gern ... vielleicht können wir ja ... Unterschrieben hatte sie merkwürdigerweise mit »Steph«, jener Abkürzung ihres Namens, von der ich wusste, dass sie sie nicht leiden konnte. Steph – was hatte das zu bedeuten? Wollte sie sich damit von mir distanzieren? Eine Woge von

Kummer und Selbstmitleid erfasste mich, und ich dachte, ich werde krank.

Einen Augenblick lang, wie geblendet von einem heißen roten Nebel, hab ich sie gehasst.

• • • • •

Zweimal hab ich sie noch wiedergesehen. Das erste Mal nur ganz kurz von weitem. Aus dem Herbst war ein harter Winter geworden, Mitte Dezember gab es heftigen Schneefall, und alle freuten sich, weil das Wetter so unbestreitbar miserabel war, dass man gar nicht mehr darüber reden musste. Ich war in der Grafton Street. Das war damals, als die Grafton Street noch eine schmale, sanft wogende Durchfahrtstraße war, also bevor sie dem Trend zur Umgestaltung von Verkehrswegen in Fußgängerzonen – auch so ein Wort, das ebenso unschön ist wie das, was es bedeutet – zum Opfer fiel, als noch Busse, rechts und links flankiert von vereisten Spurrinnen aus schwärzlich braunem Schnee, langsam mitten auf der Fahrbahn dahinrauschten und auf dem Gehweg Frauen ausgerutscht sind und sich kreischend an den Ärmeln der Mannsleute festhielten und sich alle einig waren, dass die Stadtverwaltung wieder mal lächerlich versagt hatte. Es war mitten am Nachmittag, die Weihnachtsbeleuchtung leuchtete schon strahlend hell in der frostigen Luft, und aus der geöffneten Tür von Bewley's Oriental Café wehte weich, braun und warm der Duft frisch gerösteter Kaffeebohnen heran.

Natürlich hab ich sie zuerst erkannt, drüben auf der

anderen Straßenseite, mein armes Herz machte bei ihrem Anblick ein gequältes Quaken – und schon nach ein paar kurzen Augenblicken hatte ich auch erkannt, mit wem sie unterwegs war. Sie gingen Arm in Arm, und Stephanie lehnte sich in seine Schulterbeuge wie ein kleines Ruderboot ans windgeschützte Ufer einer rettenden Bucht. Sie trug Galoschen – damals trug man noch Galoschen – und einen braunen Mantel mit einem hässlichen Pelzkragen. Nichts auf dem Kopf. Sie lächelte, sagte irgendwas, und er nickte auf seine typische missmutige Art. Es war Fitzmaurice oder Fitzmorris, und sein Vorname, der mir gerade eben wieder eingefallen ist, war Desmond. Desmond; ach ja, dieser galante Gast, der jedes Mal schon vor mir da war, wenn ich zu den Delahayes kam, und immer schon weg war, wenn ich wieder ging. Er hatte seinen langen engen schwarzen Mantel an, sein Gang war steif, würdevoll und tänzelnd – wobei gehen konnte man das gar nicht nennen, es war eher ein Voranschreiten, das unerträglich selbstzufrieden aussah, und plötzlich fiel mir auf – zum ersten Mal –, welch eine bemerkenswerte Ähnlichkeit er mit – ach, du liebes Tantchen! –, mit Éamon de Valera hatte, ja, mit dem blasierten, frommen Dev mit seiner Hakennase. Und nun begriff ich auch, dass er, dass dieser Fitzirgendwas, die ganze Zeit ihr Freund gewesen war, ich dagegen – ja was? Niemand. Ein Nichts war ich gewesen. Ein überflüssiger, wahrscheinlich auch noch lästiger Eindringling, der nur aus Höflichkeit geduldet war. Kein Wunder, dass sich das Cerberus jedes Mal geschüttelt hatte vor lauter dreiköpfigem Vergnügen, wenn ich da war!

Ich zog den Kopf ein, so weit, dass er im Mantelkragen unterging, und machte, dass ich weiterkam.

Im darauffolgenden Sommer sah ich sie wieder, und diesmal redeten wir auch miteinander. Es war so ein verträumter Juniabend, wenn die tiefstehende Sonne am Horizont verweilt und keine Lust zum Untergehen zu haben scheint, und der Himmel ist gesprenkelt mit blütenweißen Pferdeschweifen, und die fernen Berge sind blassviolett und sehen unecht wie Theaterkulissen aus.* Wir trafen uns in der Fitzwilliam Street, an genau der Stelle, wo sie an jenem ersten Abend nach der Vorstellung im Lantern Theatre ihren Bruder und mich stehengelassen hatte und einfach losgegangen war. Sie schob ihren kleinen Bruder Gervaise in einem großen schwarzen Babywagen; eigentlich war er gar kein Baby mehr, sondern ein dickes kopflastiges und in meinen Augen einigermaßen brutal aussehendes Kleinkind mit roten Backen, das, so viel war klar, seinem Vater eines Tages wie aus dem Gesicht geschnitten sein würde. Diesmal waren wir auf derselben Straßenseite. Wir sahen einander schon von weitem und zögerten beide, obwohl wir uns überhaupt nicht aus dem Weg gehen konnten, es sei denn, wir hätten uns auf dem Absatz umgedreht und wären jeder in die entgegengesetzte Richtung davongegangen. Ich blieb stehen. Sie blieb stehen. Sie setzte ein absichtlich albernes, schiefes Clownslächeln

* Die einzige andere Stadt, in der man das Gefühl hat, dass die Berge sich am Ende beinah jeder Straße im Äther gegenseitig anrempeln, ist Triest.

auf und zuckte leicht bedauernd die Achseln, als wollte sie sagen: Tja, irgendwann musste es ja wohl mal passieren, dass wir uns treffen. Mindestens ein, zwei Minuten lang sagte keiner von uns ein Wort, wobei es mir viel länger vorkam und ihr sicherlich auch. Wie qualvoll solche unvorhergesehenen Begegnungen doch sind! Sie sah müde aus, ihr Blick war ungewohnt trüb und ausweichend, und sie hatte dunkle Schatten unter den Augen. Ich fragte nach der Familie. Sie drehte sich zur Seite, blinzelte zu den fernen traumblauen Bergen hinüber und biss sich auf die Unterlippe. Ihre Mutter, erzählte sie mir, sei gestorben, kurz nach Weihnachten. Arme Mags! Zum Schluss hatten die Kippen und der Suff sie umgebracht. Ich sagte, das tue mir leid. Stephanie zuckte abermals die Achseln, zog eine Schulter hoch und ließ sie wieder fallen. Schweigen stieg zwischen uns auf wie das kühle Wasser in einem Brunnen. Gervaise, ungeduldig ob des Aufenthalts, funkelte mich fies von der Seite an. »Ich muss dann wohl mal langsam …«, sagte Stephanie, und dann versiegte ihre Stimme. So enden Dinge im wirklichen Leben: ein Achselzucken, die Ungeduld eines Kindes und das unaussprechliche Ausmaß der Liebe, die drückend hinterm Brustbein glüht gleich einem heißen Klumpen Blei.

Ob sie diesen Fitzirgendwas geheiratet hat? Ob sie ein glückliches Leben gehabt hat; oder wenigstens kein unglückliches? Seltsamer Gedanke, dass sie jetzt, in diesem Augenblick, irgendwo ist, irgendwas tut. Seltsamer noch der Gedanke, dass sie vielleicht nicht hier ist; dass sie vielleicht nirgends mehr ist.

7
Die wiedergewonnene Zeit

HEUTE HABEN CICERO UND ICH ETWAS VOR, das die Zeitungen früher, zu Zeiten von Starrummel und Showbizfieber, in ihrer überdrehten Art eine rasante Rundreise genannt hätten. Starten wollen wir am Blessington Street Basin – oder Bason, wie die ursprüngliche Schreibweise gelautet hat. Das ist ein Wasserreservoir – die amtliche Bezeichnung lautet Royal George Reservoir –, das in der ersten Hälfte des neunzehnten Jahrhunderts gebaut wurde, um die Stadt mit Trinkwasser zu versorgen, und das noch bis in die siebziger Jahre in Betrieb war. Das Wasser kam aus dem Lough Owel im County Westmeath, wurde durch einen Ausläufer des Royal Canal eingespeist, den man mittlerweile verfüllt hat und der heute ein hübscher im rechten Winkel zur Blessington Street verlaufender, von Bäumen gesäumter Spazierweg entlang des Basin ist. Gegen Ende der 1860er Jahre vermochte das Reservoir den Wasserbedarf der Stadt nicht mehr zu decken, sodass andere Möglichkeiten geschaffen wurden, wobei das Basin auch weiterhin die Brennereien von Jameson und Powers versorgte.

Wir nähern uns unserem Ziel vom unteren Ende der Blessington Street her, wo wir stehen bleiben und unser Blick voller Bewunderung der leichten Steigung folgt bis hinauf zu den schön gestalteten Toren des Basin und dem Landhaus im Tudorstil gleich dahinter, das mich an einen Schokoladenbaumstamm aus der Bäckerei Kylemore erinnert. Außerdem gibt es in dieser Straße immer noch ein paar sehr schöne georgianische und frühviktorianische Häuser, nicht wenige davon bewohnt, hinter deren blanken Fensterscheiben die unverbesserliche Schnüffelnase durchaus einen verhaltenen Mittelklasse-Wohlstand vermuten darf. Wir machen einen Rundgang um das Wasserbecken, in dessen Mitte wie ein Stachelschwein eine überwucherte, borstige kleine Insel sitzt, Heimstatt für allerlei wildlebendes Getier, darunter Schwäne und Enten und ein paar entschieden ihren Besitzerstolz zur Schau tragende Tauben, die dick und rund auf einem Eisengeländer hocken und uns missmutig beäugen, als wollten sie sagen: Haut bloß ab, wir waren zuerst hier.

Das Areal rund um das Reservoir war von Anfang an als öffentlicher Park geplant – eine elegante Anlage, in der die viktorianischen Herren mit ihren Damen promenieren konnten. Cicero muss bei dem Gedanken leise lachen. In den späten fünfziger Jahren, als er das erste Mal hier war,

»da war an Promenieren nicht zu denken, das kann ich dir sagen«. Als wir durch das robuste Originaltor* auf den Blessington Street Park hinaustreten, der das Gelände des verfüllten Canal einnimmt, gibt Cicero ob des buntgemischten Sammelsuriums an Wohnbauten einen freudig überraschten Ausruf von sich: Das Spektrum reicht von kleinen Häuschen, in denen Arbeiter wohnen, über zwei- und dreigeschossige Gebäude für den Mittelstand bis hin zu einem ultramodernen hölzernen »Studio«, das sich seiner Umgebung perfekt anpasst. Wenn das Gentrifizierung ist, sind wir uns einig, dann hätten wir bitte gern mehr davon – viel mehr.

Cicero zeigt auf eine Gasse, die noch das originale Kopf-

* »Schau dir den Granit an«, sagt Cicero und streicht mit den Fingern über die rauen Steinquader der Toreinfassung. »Stockhammertechnik, so heißt dieser Effekt. Steinmetze mit kleinen scharfen Hämmern, poch, poch, poch. Die haben damals noch gewusst, wie man mit Material umgeht.« Wie schon in dem Haus in der Henrietta Street fordert er mich auch hier auf, mit der Hand über den Stahl des großen Tors zu streichen, der sich noppig und lauwarm anfühlt unter den Jahrhunderten von schwarzer Farbe, damit ich die Schwere und die Qualität des Materials spüre und die mit sicherem Geschick ausgeführte Handwerkskunst. Er liebt Zeugnisse guten Handwerks, ob es sich um einen Tisch der Dubliner Werkstatt Moore handelt, den er mir einmal gezeigt hat, um 1760 – Satinholz, demi-lune, konische Beine mit Kragen, das ganze Ding so schlank und ausbalanciert wie eine Antilope –, oder so ein großes funktionelles Eisentor wie dieses hier. Er ist das, was sich Thomas Hardy zu sein erhoffte: ein Mann, »dem solche Dinge auffallen«.

steinpflaster hat, und weist mich auf die parallelen Schieferspuren an beiden Seiten hin, die dafür sorgen sollten, dass die Räder der Kutschen und Karren einen glatten Untergrund hatten. An einer Stelle am Ende der Gasse fehlen die Kopfsteine, und man hat die Lücke einfach mit schnödem Asphalt ausgebessert. Cicero ist außer sich. »Wie kann man so etwas bloß machen?«, ruft er. »Sie hätten diese fehlenden Kopfsteine mit einem modernen Äquivalent ersetzen müssen, mit etwas, das mit der Machart und dem Stil hier harmoniert – nicht versuchen, dass es aussieht wie das Original: Solche Ausbesserungen müssen immer ehrlich sein, sie müssen sich zu erkennen geben als das, was sie sind. So muss man das machen.« Er starrt wütend auf den huckeligen Asphalt, schüttelt den Kopf. »Vandalismus ist das«, sagt er. »Mit Steuergeldern geförderter Vandalismus.«

Und sogleich fühle ich mich zurückversetzt zu einem Ereignis vor vielen Jahren, ich weiß gar nicht mehr, vor wie vielen, das Einzige, was ich noch weiß, ist, dass es vor dem großen Crash von 2008 war. Cicero hatte Seamus Heaney und mich zum Lunch in ein Restaurant in der Upper Pembroke Street eingeladen, unweit des Fitzwilliam Square seligen Delahaye'schen Angedenkens. Seamus hatte damals einen Schlaganfall gehabt und war noch nicht ganz wiederhergestellt, und obwohl das Beisammensein lustig und unterhaltsam war wie jedes Treffen mit Seamus, lag über dem Ganzen doch ein zarter Hauch von Melancholie, der die Heiterkeit und Freude gleichsam überschattete. Cicero mit seiner Faszination für kreative Prozesse fragte

Seamus aus und wollte wissen, wie ein Dichter genau vorgeht, wenn er ein Gedicht macht, und Seamus, außerstande, eine umfassende Antwort zu geben – wer weiß denn auch, wie ein Gedicht gemacht wird? –, war wie immer höflich und besonnen.

Als wir am Nachmittag das Restaurant verließen, war es draußen stürmisch und irgendwie quecksilbrig – ich weiß nicht mehr, ob es Frühling oder Herbst war, meiner Erinnerung nach konnte es beides sein –, und Cicero wies uns auf die Lücken zwischen den Gehwegplatten hin – die Steinplatten der Dubliner Gehwege sind auf ihre Art genauso abwechslungsreich wie die Dubliner Backsteine –, Lücken, die, wie sollte es anders sein?, mit Asphalt ausgegossen waren. Cicero hatte einen Plan, den er uns ganz spontan auseinandersetzte: Er wollte die Stadtverwaltung überzeugen, sämtliche georgianischen Gehwege in ganz Dublin einer Generalausbesserung zu unterziehen, und zwar unter Verwendung von zeitgenössischem Wicklow-Granit. Finanziert werden sollte das Ganze wohl mit Lottogeldern der National Lottery, oder vielleicht dachte er auch an eine öffentliche Spendenaktion. Wenn ich mich nicht irre, hatte er den Vorschlag sogar schon ausgearbeitet und einen entsprechenden Brief an den Stadtrat oder die Stadtwerke geschickt. Es war ein ausgezeichneter Plan, der den Zustand der historischen Plätze und Boulevards enorm verbessert hätte, aber natürlich wurde nichts daraus, denn kurz darauf ist uns Lehman Brothers um die Ohren geflogen, und wir waren alle miteinander pleite.

»Ach ja«, sagte Seamus zu mir, nachdem wir uns von Cicero verabschiedet hatten, »Aber im Plänemachen ist er wirklich toll.«

• • • • •

Vom Basin fahren wir in nördlicher Richtung über die North Great George's Street, eine der elegantesten georgianischen Straßen der Stadt, die zudem nahezu vollständig erhalten ist und an deren Ende das beeindruckende Belvedere House vor uns aufragt, das 1786 für den illustren George Augustus Rochfort, 2. Earl of Belvedere, erbaut wurde und seit den frühen vierziger Jahren des neunzehnten Jahrhunderts eine Jesuitenschule war – übrigens die spätere Alma Mater von James Joyce.* Wir hoffen, im Cobalt Café, das sich im Erdgeschoss eines der vornehmeren Häuser in der Straße befindet, eine Kaffeepause einlegen zu können, doch es ist geschlossen, genau wie das letzte Mal, als ich hier war. Das Cobalt zählt zu den exzentrischeren und bunteren Lokalitäten der Stadt. Vielleicht beim nächsten Mal ...

* Ein Freund von mir traf vor vielen Jahren einen Priester, der früher am Belvedere College als Lehrer gearbeitet hatte, er unterhielt sich mit ihm und war so unvorsichtig, im Verlauf des Gesprächs den Namen Joyce zu erwähnen. Die Folge war ein jähes, zentnerschweres Schweigen, das der ehrwürdige Pater schließlich brach, indem er sich räusperte, zur Decke hinaufsah und murmelte: »Ach ja, der Joyce. Nicht unbedingt einer unserer Erfolge.«

Wir sind unterwegs zum Rotunda Hospital am Parnell Square, ehemals Rutland Square. Das Krankenhaus, übrigens die älteste Entbindungsklinik der Welt, ist nach dem Nachbargebäude innerhalb des Ensembles benannt, aus dem schließlich das später in Ambassador umbenannte Rotunda Cinema wurde. Die Klinik wurde von einer der wahrhaft bewundernswerten Gestalten der irischen Geschichte gegründet, nämlich von Bartholomew Mosse, seines Zeichens Chirurg und »männliche Hebamme«, der 1745 in einem umgebauten Haus in der George's Lane, unweit des Smithfield Market, eine Gebäranstalt eröffnete, die erste derartige Einrichtung des British Empire. Einige Jahre später schloss er mit nur fünfhundert Pfund in der Tasche einen Pachtvertrag über ein großes Gelände am nördlichen Ende der Sackville Street, der heutigen O'Connell Street, ab und begann dort mit dem Bau eines neuen Krankenhauses nach Entwürfen von Richard Cassells, der allerdings ein paar Monate vor Baubeginn starb.

Das imposante Gebäude sollte ursprünglich die Sichtachse am Ende der Sackville Street abschließen, doch Mosse und der allgegenwärtige Luke Gardiner gerieten in Streit, sodass Gardiner die heutige Cavendish Row als Fortsetzung der Sackville Street erbaute und Mosse zwang, sein Krankenhaus ein wenig seitwärts zu verschieben.

Mosse war nicht nur ein Pionier auf dem Gebiet der Medizin, sondern auch ein äußerst erfolgreicher Manager. Auf dem Gelände hinter der Stelle, an der das Krankenhaus stand, hatte er die New Gardens* errichtet, einen Vergnügungspark, der sich, so ein Besucher aus London, mit den Vauxhall Gardens messen konnte und zu dem auch ein Konzertsaal und ein Café gehörten. Für den Bau des Krankenhauses, dessen erster Vorsteher er dann auch werden sollte, verwendete Mosse die Einnahmen aus dem Vergnügungspark, um die achttausend Pfund, was damals eine gewaltige Summe Geldes war, sowie einen staatlichen Zuschuss von sechstausend Pfund. Die New Gardens waren nicht nur wirtschaftlich, sondern auch gesellschaftlich ein Erfolg, was dazu führte, dass der Rutland Square gegen Ende des achtzehnten Jahrhunderts eines der elegantesten Viertel nördlich der Liffey war; um siebzehnhundertneunzig herum, so lesen wir bei Maurice Craig, »waren dort elf Peers, eine Peeress im eigenen Recht, zwei Bischöfe und zwölf Parlamentsmitglieder ansässig«.

Cicero hat einen Termin bei Professor Fergal Malone vereinbart, dem derzeitigen Direktor, der uns freundlich in Empfang nimmt und uns die älteren Teile des Krankenhauses zeigt, deren Pracht er mit geradezu ansteckendem Enthusiasmus preist. Wir sehen den Eingangsbereich in seiner ursprünglichen Gestalt, die in meinen Augen durchaus elegant ist, über die sich Christine Casey

* Zu dem Rotunda-Ensemble gehört auch das Gate Theatre, das Maurice Craig mit dem ihm eigenen dezenten Humor zu der Bemerkung verleitete, mit der Rotunda sei »die enge Verbindung von Geburtshilfe und Unterhaltung ein für alle Mal zementiert«.

in ihrem Dublin-Buch allerdings entschieden mokiert und Cassells' Entwurf ausgesprochen verächtlich beurteilt – in Verballhornung seines Namens nennt sie ihn »Castle«, weil der die gleiche »charakteristische Behäbigkeit« habe wie ein Schloss oder eine Burg. Die Eingangshalle besteht in einem nicht sehr großen, schlicht gehaltenen kubischen Raum, in dem die werdenden Mütter, wenn sie dort hereinkamen, von einer freundlichen, warmen, aufmunternden Atmosphäre empfangen wurden. Zu jener Zeit kamen die Babys der wohlhabenderen Stände zu Hause auf die Welt, wo ihnen eine männliche Hebamme beistand, wie der wackere Dr. Mosse eine war; sein Krankenhaus aber hatte Mosse speziell für den Behandlungsbedarf der Armen in seiner Stadt eingerichtet.

Im hintersten Winkel des Krankenhausgeländes ist die Kapelle versteckt, Christine Casey zufolge »das [für das achtzehnte Jahrhundert] geschwätzigste Kircheninnere von ganz Irland«, obendrein nennt sie die aus einem rechtwinkligen Raum mit doppelter Deckenhöhe und Buntglasfenstern sowie einer über drei Seiten verlaufenden schmiedeeisernen Galerie bestehende Kapelle »den unpassenden Nabelschmuck einer stämmigen Matrone«. Wir treten ein durch einen kurzen Korridor, an den sich rechts und links die voll ausgelasteten Wöchnerinnenzimmer drängen, ein jedes mit zwölf Betten bestückt, in denen zwölf Mütter mit ihren Babys liegen. Der Gegensatz zwischen der gedämpften Stille dort hinten in der Kapelle und dem Lärm und Getriebe einer funktionierenden Entbindungsklinik kann einen buchstäblich schwindeln machen.

In der guten alten Zeit, weiß Cicero mir zu erzählen, lieferte Guinness jeder Patientin in der Klinik täglich kostenlos ein Schlückchen Stout. »Guinness is good for you« – schon mit der Muttermilch …

Cicero hat eine persönliche Beziehung zur Rotunda, zusätzlich zu dem Umstand, dass er hier geboren wurde. In einem der inneren Korridore hängt ein Ölporträt von Dr. Walter Wade an der Wand, auch er Chirurg und Geburtshelfer, der gegen Ende des achtzehnten Jahrhunderts in der Stadt praktizierte. Cicero selbst war es, der der Klinik das Bild geschenkt hat, wie auf einer Messingtafel zu lesen ist; er hatte es vor vielen Jahren bei einer Auktion für ein paar Pfund gekauft. »Merkwürdige Vorstellung«, sagt er, während wir dastehen und das Porträt betrachten, »dass dieses Bild da immer noch hier hängen wird, mit meinem Namen dran, wenn ich längst nicht mehr bin …« Ein düsterer und dennoch tröstlicher Gedanke, zumal in diesem Palast des Gebärens.

Auf dem Bild hält Dr. Wade, was einem ein wenig verwirrend vorkommen mag, eine rosa Rosenknospe zwischen den Fingern. Die leichte Verwirrung löst sich indes sogleich in nichts auf, als Cicero erklärt, Wade sei Professor für Botanik an der 1731 gegründeten Dublin Society gewesen, der heutigen Royal Dublin Society, und habe sich für die Errichtung eines öffentlichen botanischen Gartens eingesetzt und sich 1790 deswegen auch offiziell an das Parlament gewandt. 1795 erwarb die Regierung in Glasnevin Haus und Grundstück des Dichters Thomas Tickell* und schenkte beides der Society. Wade wurde der erste Direktor der National Botanic Gardens, die Cicero und ich als Nächstes ansteuerten.

Während wir den Glasnevin Hill hinauffuhren, erzählte er mir, dieser habe früher Washerwoman's Hill geheißen, also Waschweiberberg, weil dort die Frauen an den Ufern des Flusses Tolka ihre Wäsche wuschen. Jonathan Swift hat dort gewohnt, gegenüber der Model School, an der Lehrer ausgebildet wurden, und ebenso ein anderer Schriftsteller, der Engländer Joseph Addison, der mit Swift befreundet war und zu Anfang des achtzehnten Jahrhunderts dem irischen Parlament angehörte; Cicero besitzt ein hübsches Medaillon mit Addisons Porträt aus dessen Zeit in Irland.

Er sagt mir im Vertrauen, dass er hier in den Botanic Gardens seinen ersten Kuss bekam. Ich frage nach Einzelheiten, aber er schüttelt den Kopf. Er erinnert sich auch, dass in den Bots, wie die Botanic Gardens im Volksmund hießen, in seiner Teenagerzeit noch Marihuanapflanzen wuchsen und er hin und wieder heimlich übungshalber den einen oder anderen Joint gebaut hat.

Der aktuelle Direktor der Gardens, Matthew Jebb, war

* Man fragt sich, ob dies der Tickell war, den Beckett im Sinn hatte, als er in seinem frühen Roman *Murphy* die Figur des »Austin Ticklepenny, Kneipenpoet aus der Grafschaft Dublin« entwarf. Wobei unfreundliche Geister meinen, Ticklepenny sei in Wahrheit eine boshafte Karikatur von Austin Clarke.

an diesem Nachmittag außer Haus, aber Paul Maher, der Kurator, begrüßte uns und lud uns in sein Büro in einem abgelegenen Teil des Geländes ein. Der nicht sehr hohe, aber weitläufige Raum sieht ebenso komischer- wie durchaus charmanterweise eher wie eine Kapitänskajüte aus als wie das Dienstzimmer eines Botanikers, was hauptsächlich an der üppigen Kollektion von komplizierten alten Instrumenten liegt, die sich dort angesammelt hat und zu der auch ein einfaches Messingbarometer gehört. Sogar eine gusseiserne Buchbinderpresse gibt es dort, deren Vorhandensein nicht einmal Paul erklären kann. Er zeigt uns allerlei, unter anderem ein großes, schweres Buch mit täglichen Wetterangaben, aufgezeichnet in gestochen scharfer Handschrift, die zurückreichen bis zur allerersten Anfangszeit der Gardens. In seiner Vitrine liegt auch eine Nuss von einem Baobab, einem Affenbrotbaum, die die Größe einer in die Länge gezogenen Kokosnuss hat und die ihm seine Tochter, die ebenfalls Botanikerin ist, aus Afrika mitgebracht hat. Auf einem Foto steht er selbst unter einem Baobab, der so hoch ist wie ein drei- oder vierstöckiges Haus. Wenn er mehr Zeit hätte und wir auch, könnte er uns noch eine Million anderer Dinge erzählen und noch mal eine Million Dinge zeigen.

Ich glaube, ich habe noch nie einen Menschen getroffen, der in seiner Arbeit eine solche Befriedigung findet und sich sämtlichen Aspekten seiner Tätigkeit mit einem derart leidenschaftlichen Engagement widmet, wie dieser Paul Maher es ganz offensichtlich tut. Er erzählt uns, er habe in den Achtzigern einmal eine dreijährige Auszeit genommen,

um sich als Gartenbauarchitekt selbständig zu machen. Ob es ein Erfolg war, wollen wir wissen. Ja, durchaus, antwortet er, aber das Problem sei einfach gewesen, ihm hätten »die Pflanzen gefehlt«, und darum sei er wieder zurückgekehrt in die Gardens, zu seiner geliebten Arbeit und in sein wunderbar behagliches Büro. Ein glücklicher Mensch.

Der Nachmittag schreitet voran, und wir sollten es auch. Zuerst muss ich aber noch dem Gebäude einen Besuch abstatten, das mir auf der ganzen Welt das liebste ist.

Ich meine das 1884 erbaute Große Palmenhaus der Botanic Gardens, eine luftige Kreation aus Glas, Stahl und Holz; seinen Vorgänger hat der Sturm umgeworfen, und dieses hier haben verwegene Schotten in der Stadt Paisley gebaut und dann irgendwie, weiß der Himmel wie, hierhertransportiert. Es sollte bis zur Jahrtausendwende halten, und das tat es auch, war dann allerdings so baufällig, dass es für den Besucherverkehr geschlossen werden musste und erst fünf Jahre später, nach gründlicher Überholung, wieder geöffnet wurde.

Mit skeptischem Blick betrachtet, sieht es aus wie nicht von dieser Welt, und was die Dinge in seinem Innern angeht ... elefantös ist das Wort, das mir blitzartig – oder vielmehr mit schwer stampfendem Schritt – in den Sinn kommt, als wir eintreten und sich um uns herum so viele riesengroße Bäume in der feuchten heißen Luft zusammenscharen und ihre mächtigen ohrförmigen Blattwedel zu uns herabneigen, als wollten sie ein tröstendes oder doch wenigstens ein erklärendes Wort erbitten. Wie sind wir nur hierhergekommen, scheinen sie zu fragen, in diesen endlos weiten, glitzernden Raum, wo wir uns schweigend aneinanderdrängen, so fern von unserem kreischenden Dschungel? Herrisch in die Höhe ragend und dabei im höchsten Maße hilflos: Können sie jemals klein gewesen – können sie je Schösslinge gewesen sein? Nicht sie befinden sich in einem Missverhältnis zu uns: Nein, wir sind's, die in einem Missverhältnis stehen zu ihnen, zwei Liliputaner gegenüber einer Riesenschar von Gullivern, die hier mit ihren haarigen dicken alten Socken um die Fesseln in den Sand gepflanzt sind.*

In dieser grünlich wässrigen Luft kommen wir uns vor wie unter Wasser, und während wir unter den gänzlich unbewegten Blättern dahinschreiten, fühlen wir uns, als würden wir matt in einem trägen, lauwarmen Strom dahintreiben. Da oben, hoch über unseren Köpfen, zwischen den hochgerissenen Wedeln, gibt es Gehwege, schmale metallene Plattformen, die eigentlich zu Sprungbrettern führen müssten; wir würden uns nicht wundern, wenn mit einem Mal das Wasser aufspritzen und gleich darauf ein Schwimmer im hohen Bogen hinabschießen und mit Fischmaul und überm Kopf zusammengedrückten Handflächen an uns vorübergleiten würde.

Und all das viele Glas, das es da gibt, zahllose Scheiben, glatte und gewölbte, alle milchig beschlagen. Von allen Seiten kommt die Sommersonne herein, bringt die mit Feuchtigkeit getränkte Luft zum Glühen und verwandelt sie in

* Amelia Stein hat hier phantastische Fotos gemacht – zu betrachten in ihrem herrlichen Buch *The Palm House,* erschienen im Verlag Lilliput Press.

mattes Gold. Wir denken an die Leute, würdevolle Herren, befrackt, mit Kaiserkoteletten und sorgfältigst gepflegtem Schnauzbart, die diese perfekt bemessene, total verrückte Caprice, dieses blinkende, blitzende Bellevue entworfen und errichtet haben. Wer will da noch behaupten, die Viktorianer seien langweilig gewesen? Da steht sie nun, diese stattliche Vergnügungskathedrale, auf dass die Stadt sich an ihr freuen möge, sie ehrfürchtig bewundern und auch ein ganz klein wenig fürchten. Wir können doch gewiss nicht gänzlich schlecht sein – als Spezies –, wenn wir es rechtens und notwendig finden konnten, diese Luftblase zu bauen und sie mit diesen unheimlichen und ungemein liebenswerten Monstrositäten zu füllen.

Und schauen Sie doch nur, da ist ja auch die Tafel zur Erinnerung an Wittgenstein. Wie der wohl die Palmen fand? Vielleicht war er so tief in Gedanken versunken, dass er sie nicht einmal bemerkte.

• • • • •

Und weiter geht's mit der verrückten Tagestour. Als Nächstes sausen wir nach Ringsend* und zu den südlichen Docklands, speziell zu jenem Punkt am Ende der Straße, in der Cicero wohnt, wo der Dodder, der Grand Canal und die Liffey zusammenfließen. Hier gibt es drei herrliche Schleusen, die Westmoreland, die Buckingham und die Camden,

* Siehe Anhang II.

die 1796 eröffnet wurde, übrigens mit viel Pomp und großem Gepränge, was auf dem in der National Gallery of Ireland zu besichtigenden Gemälde *The Opening of Ringsend Docks, Dublin 1796* von William Ashford gewürdigt wird. Die Schleusen werden bis heute von Schleusenwärter George Brierley und seinem Sohn Stephen betrieben, obwohl 1960 der letzte Frachtkahn auf dem Canal verkehrte.

Wir halten inne, um diese eleganten granitenen Becken zu bewundern, doch unser eigentliches Ziel ist ein noch eleganteres, obwohl heute leider nicht mehr in Gebrauch befindliches Doppeltrockendock ganz in der Nähe, das hinter einer provisorischen, von Gräsern und Unkraut überwucherten Einfriedung versteckt ist. Es sieht ein bisschen aus wie zwei altmodische Badewannen, die an einem Ende schmaler werden, und ist aus gestuften Granitblöcken gebaut – der ganze Effekt erinnert mich vage an griechische Amphitheater. In dem größeren der beiden Docks siecht der rostende Rumpf eines Frachtschiffs vor sich hin, der Naomh Éanna, die trostlos im brackigen Wasser hockt wie ein unbeholfener verwundeter Schwimmvogel.

Cicero erklärt mir die unglückselige Geschichte der Dubliner Kanäle. Sie wurden mit großer Mühe und enorm viel Geld gebaut, um die Hauptstadt im Osten mit dem Shannon im Westen zu verbinden und auf diese Weise die beiden Küsten und das Landesinnere für den Handel zu öffnen. Weil Irland jedoch weder Kohle noch Kolonien in Übersee besitzt und darum auch keine industrielle Revolution erlebt hat, sind die gewaltigen Profite, die sich die Geschäftsleute und Fabrikanten von dem Kanalkonzept

Captain Richard Saunders' original sign from last Liffey ferry

versprachen, niemals eingetroffen. Dann kamen die Eisenbahnen, was bedeutete, dass man Waren binnen Stunden von einer Seite des Landes auf die andere bringen konnte und nicht, wie auf dem Seeweg, binnen mehrerer Tage, und das war buchstäblich das Ende der Kanäle. Das Ergebnis war der finanzielle Ruin zahlreicher großer und kleiner Spekulanten. Plus ça change …

Doch Cicero, der Plänemacher, hat eine Vision für die Zukunft der beiden Trockendocks. Er meint, man müsste sie entwässern, renovieren, mit einem himmelblauen durchsichtigen und wetterfesten Dach überbauen und so ein einziges großes Areal daraus machen, das man nach dem altgriechischen Wort für einen städtischen Versammlungsort die Agora nennen müsste, die dann allen Bürgern offenstünde. Hier würden Musikveranstaltungen stattfinden und Märkte abgehalten werden, es müsste Skatingbahnen geben, allerlei kleine Läden müssten aufmachen, es müsste Kinonächte geben, Monstercéilís und noch vieles mehr – mit anderen Worten, die ganze Gegend bekäme wieder Leben eingehaucht. Es ist eine kühne Vision, aufregend, vorwärtsgewandt und, wie Cicero meint, absolut machbar; es bräuchte dazu weiter nichts als ein klein wenig Unterstützung seitens der Stadt und eine Einigung mit der Eigentümergesellschaft Waterways Ireland. All das malt er mir aus, während wir am Hanover Quay zurückschlendern, vorbei an der alten Fahrradfabrik Raleigh, die zur europäischen Zentrale von Airbnb mutiert ist. Der Kapitalismus hat viele Formen …

Unmittelbar hinter Ciceros Haus ist ein breites Gewäs-

ser, das vom Grand Canal gespeist wird, bevor er sich mit der Liffey vereint. Als wir ankommen, liegt dort gerade eine überholte Liffey-Fähre. Die Fähre, die letzte noch existierende, wurde von dem Schifffahrtsexperten Richie Saunders gerettet und restauriert. Richie wird eine Rundfahrt durch das Becken mit mir machen – ich komme mir vor, als sei wieder der achte Dezember und ich ein Kind, das sich auf eine Geburtstagsüberraschung freut. Wir gehen an Bord, und Richie erzählt, wie die Fähren die Hafenarbeiter zu Hunderten auf dem Fluss hin- und herbeförderten, damals, bevor die Hafenanlagen wie alles andere automatisiert worden waren. Als wir an einer schmalen Straße vorbeikommen, die zur Zentrale von Google führt – noch so ein Zeugnis des Hochkapitalismus –, erzählt mir Richie glucksend, wie er und seine Kollegen hier donnerstags oft anlegen und an Land gehen, um auf dem nahe gelegenen Postamt ihre Rente abzuholen.

Wir fahren unter einer Brücke hindurch, die schräg zur oben verlaufenden Straße gebaut ist, und schauen uns den hervorragend gemauerten Bogen an, bei dem alle Steine exakt so behauen und eingesetzt sind, dass sie dem Neigungswinkel entsprechen. Wie oft bin ich dort oben entlanggefahren, ohne die geringste Ahnung von dem großartigen Exempel der Maurerkunst zu haben, das sich dort unten versteckt? Wie vieles von der Welt uns doch verborgen ist.

»Von hier aus könnten wir jetzt weiter bis zum Shannon«, sagt Richie versonnen. Das wäre eine Tour!

• • • • •

THANK'S
DUBLIN
THE PAPER
SHEEP

Wir sind am Ende unseres Ausflugs, genauer gesagt unserer Ausflüge, und es ist Zeit für ein Gläschen zum Abschied. Wir fahren mit dem Wagen in die Poolbeg Street – das wird, zumindest vorerst, meine letzte Spritztour in dem kleinen roten Roadster sein – und halten an bei Mulligan's. Dieses schöne alte Pub machte zunächst 1782 in der Thomas Street auf und zog dann 1854 an seinen gegenwärtigen Standort um. Es ist ein ruhiger Nachmittag, und wir sitzen an einem kleinen Tisch gleich an der Tür. Die Sonne scheint, Staubteilchen schweben in der Luft. Ich fühl mich wie Odysseus, der endlich heimgekehrt ist nach Ithaka, wo freilich alles in bester Ordnung ist und es keine eroberungslustigen Freier abzuschlachten gibt. Ich fühl mich – ja, ich fühle mich zu Hause. Mir wird klar, dass Cicero und Dublin, diese beiden, mir gemeinsam die Freiheit der Stadt zum Geschenk gemacht haben. Ich erhebe mein Glas, einfach darauf, dass ich hier bin – »weil Hiersein viel ist« –, und ich lächle, töricht, wie ich fürchte, in die Sonne, die zur Tür hereinscheint. Da taucht ein Schatten auf, und herein – ja, es gibt keine Zufälle – kommt niemand anders als mein ältester Sohn, mein Erstgeborener, der inzwischen ein Mann ist, in mittleren Jahren und größer als ich. Er kommt gerade von der Arbeit und schaut auf dem Nachhauseweg noch eben auf ein Pint rein, genau wie mein Vater früher vor all den vielen Jahren in einer anderen Welt, in einer anderen Zeit.

O Zeit, O tempora, wohin hast du mich schon geführt – und wohin wirst du mich noch führen?

777 EZD
IRL

ANHANG I

Haben Sie sich schon einmal gefragt, was unter diesen mächtigen georgianischen Gebäuden ist? Hier Maurice Craigs Bericht darüber, worauf eines der Meisterwerke James Gandons ruht, das Zollhaus am Nordufer der Liffey:

> Gandon entschied sich gegen eine Pfahlkonstruktion. Stattdessen pumpte er den Raum zu einem Kofferdamm [schlagen Sie bitte nach] aus, stampfte ihn fest, streute eine Menge geschnittenes Heidekraut darüber und legte obendrauf ein gewaltiges Gitterwerk aus Memelholz [am besten lassen Sie das Lexikon gleich aufgeschlagen], Querschnitt zweiundneunzig Zentimeter. Dann verfüllte er die Zwischenräume mit gutem, handgemachtem, aus einem Gemisch aus gestoßenem Kalkstein und Mörtel bestehendem Backstein, und zum Schluss kam noch eine

Decke aus acht Zentimeter dicken Kiefernbrettern. Dann noch eine Lage grober Berggranit, in den eine acht mal viereinhalb Zentimeter dicke Eisenkette eingebettet war; die Kragen kleidete er mit Blei aus und bedeckte die Gitterstreben mit einem Zement aus Wachs, Harz und Gesteinsstaub. Mit Schichten von normalem Granit wurde das Ganze auf Bodenniveau gebracht. Unter dem Rest der Südseite wurde das Gitterwerk mit grauem Dubliner Kalkstein abgedeckt. Grandons Konstruktion hat sich bis heute bewährt, während der Bauarbeiten aber machten alle möglichen architektonischen Laien, die einen Blick in die schwarzen, schmierigen Tiefen werfen konnten, zahllose törichte Einwände geltend …

Cicero erzählt mir, dass Gandon, als er das Zollhaus baute, auf derart leidenschaftlichen Widerspruch stieß, dass er es nicht wagte, sich ohne ein Schwert auf die Baustelle zu begeben. Kevin Roche, der irisch-amerikanische Architekt, von dem der Entwurf für das Conference Centre stammt, das sich ein Stück flussabwärts von Gandons Meisterwerk entfernt befindet, fand die Geschichte ungemein faszinierend, so sehr, dass Cicero ihm ein in Dublin geschmiedetes Schwert aus dem achtzehnten Jahrhundert schenkte, das bis heute in den Räumen des Architekturbüros Roche, Dinkeloo & Associates in New York hängt.

ANHANG II

Wann immer ich von Ringsend höre, dem »funkelnden Juwel am Dodder«, muss ich an die Ballade von »Johnny Doyle, dem Vergesslichen Seemann« denken, die mir von allen Dubliner Balladen die liebste ist. Ich dachte immer, dass der große Sänger Frank Harte sie einst geschrieben habe, aber Nicholas Carolan, der ehemalige Direktor des Irish Traditional Music Archive, teilte mir mit, der wahre Urheber sei James – Jimmy – Montgomery, der erste irische Filmzensor, der dieses Amt von 1923 bis 1940 innehatte. Als frommer Katholik, der er war, erklärte er in seiner Eigenschaft als Zensor: »Meine Richtschnur sind die Zehn Gebote.« Danke, Jimmy, dass du unsere Eltern vor der moralischen Verkommenheit Hollywoods bewahrt hast.

Und hier der Text des Liedes:

Johnny Doyle oder Der Vergessliche Seemann

Söhne von Dan O'Connells Clan, hört an die traurige Moritat
Von einem jungen Seemann, der geboren ward in Dublin-Stadt.
Mein Lied erzählt eine Geschicht' gar fromm und auch voller Moral,
Sie fängt um die Carlisle Bridge an und endet auf den Isles of Coral.
Am George's Quay sticht ein Schiff in See an einem schwülen Sommertag,
Und eine Maid am Ufer steht, die wie von Sinnen weint und klagt:
»Oh Johnny Doyle, ich lieb dich treu, doch ist mir um mein' Zustand bange,
Die Nachbarn reden schon und sagen, es dauert nicht mehr lange!«
Das Spill gedreht, Segel gebläht, die Liffey runter gleit' der Kutter,
Gar wie am Spieß das Fräulein schreit, und gleich darauf war sie schon Mutter.
Das Schiff verließ den Hafen, hat auf Chinas Küste Kurs genommen,
Wo man sofort bei der Geburt Töchter ertränkt, die unwillkommen.
All das ist lange her, das Kind, längst es auf eignen Beinen steht,

Und Mary bricht's das Herz, sooft der junge Bock
auf Brautschau geht.
»Ach«, sagt sie, »geht er einmal ganz, verkleid ich
selbst als Seemann mich
Und auf den sieben Meeren dann will meinen
Johnny suchen ich.«
Sie heuert' als Pirat nun an, äquatorwärts auf Kaper-
fahrt,
So fuhr das sanfte, holde Weib mit bärtigen Kerlen,
wild und hart.
Der Käptn glaubt', sie heiße Bill, gar ruchlos und
gemein war er.
Mit diesem Scheusal hier an Bord war ihre Lage
höchst prekär.
Im Saragossameer, da war's, zwei schmucke Barken
träg dort fierten,
Als Mary Hundewache hielt, am Achterdeck sie
patrouillierte.
Zum Nachbarschiff sie ruhig schaut, doch plötzlich
wird's ihr exklamant,
Denn an dem güldenen Heck, da steht Johnny im
prächtigen Gewand.
Wieder in Ringsend sind sie nun, dem funkelnden
Juwel am Dodder.
Er lebt als Kaufmann friedlich dort, handelt mit
Hafer und mit Futter.
Laut Heiratsschein heut Mrs Doyle, hat einen Blu-
menstand sie jetzt,

Wenn Johnny hört, ’s kommt wieder eins, sein eines
Aug’ vor Freude blitzt.
Nun zählt der Hausstand Kinder zehn, und Marys
Herz wie ’n Stieglitz singt,
Denn nun ist Johnny brav, der einst ihr mächtig auf
die Nerven ging.
Nun sind im schönen Ringsend sie glücklich, kein
Fernweh lockt ihn nun,
Denn mit fünf Söhnen, Töchtern fünf hat Johnny
Doyle genug zu tun.

DANKSAGUNGEN

Eine große Hilfe waren mir bei der Arbeit an *Spaziergänge durch Dublin* die folgenden Bücher:

Maurice Craig, *Dublin 1660–1860,* Cresset Press, Dublin 1952

Christine Casey, *The Buildings of Ireland: Dublin,* Yale University Press, New Haven, Connecticut, 2005

Diarmuid Ó Gráda, *Georgian Dublin: The Forces that Shaped the City,* Cork University Press, Cork 2015

John Ryan, *Remembering How We Stood,* Lilliput Press, Dublin 2008

Brendan Lynch, *Prodigals and Geniuses: The Writers and Artists of Dublin's Baggotonia,* Liffey Press, Dublin 2011

Meinen herzlichen Dank an Raymond Bell, George Brierley, Stephen Brierley, Nicholas Carolan, Ciara Considine, Margaret Crean, Rita Crosbie, Vonnie Evans, Helen Hanly,

Joan Hanly, Paul Maher, Professor Fergal Malone, Helena Gouveia Monteiro, Richie Saunders, Louisa Stoney und die Angestellten der Pearse Street Library.

Auszüge aus diesem Buch erschienen zuerst in unterschiedlicher Form in *City Parks: Public Places, Private Thoughts,* gestaltet und herausgegeben von Catie Marron, mit Fotos von Oberto Gili, HarperCollins, New York 2013, sowie in *Sons+Fathers,* herausgegeben von Kathy Gilfillan, eine Publikation der Irish Hospice Foundation, 2015.

LITERATURNACHWEISE

Autor und Verlag bedanken sich für die Erlaubnis, in *Spaziergänge durch Dublin* folgende Quellen zu benutzen:

Auszug aus John Banville, *Newtons Brief,* aus dem Englischen von Bernhard Robben (S. Fischer Verlag GmbH, Köln 2002), abgedruckt mit freundlicher Genehmigung des Verlags.

Textauszüge aus: James Joyce, *Ulysses*. Aus dem Englischen von Hans Wollschläger. © der deutschen Übersetzung Suhrkamp Verlag Frankfurt am Main 1975. Alle Rechte bei und vorbehalten durch Suhrkamp Verlag Berlin.

William Butler Yeats, *Die Gedichte*. Neu übersetzt von Marcel Beyer, Mirko Bonné, Gerhard Falkner, Norbert Hummelt, Christa Schuenke. Die Rechte an der Nutzung der deutschen Übersetzung liegen beim Luchterhand Literaturverlag, München, in der Verlagsgruppe Random House GmbH. Übersetzung »Die Schauspieler« von Marcel Beyer, »Neunzehnhundertneunzehn« von Mirko Bonné .

Die Gedichte von Philip Larkin, Patrick Kavanagh, Oliver St John Gogarty, Thomas Kinsella und James Montgomery wurden aus dem Englischen übersetzt von Christa Schuenke, Berlin 2018.

BILDUNTERSCHRIFTEN

MIX
Papier aus verantwortungsvollen Quellen
FSC® C014496
Verlag Kiepenheuer & Witsch, FSC-N001512

1. Auflage 2019

Titel der Originalausgabe Time Pieces. A Dublin Memoir.
© 2016 by John Banville and Paul Joyce
All rights reserved
Aus dem Englischen von Christa Schuenke
© 2019, Verlag Kiepenheuer & Witsch, Köln
Alle Rechte vorbehalten. Kein Teil des Werkes darf in irgendeiner Form (durch Fotografie, Mikrofilm oder ein anderes Verfahren) ohne schriftliche Genehmigung des Verlages reproduziert oder unter Verwendung elektronischer Systeme verarbeitet, vervielfältigt oder verbreitet werden.
Umschlaggestaltung Rudolf Linn, Köln
Motiv Umschlagvorderseite © Douglas Banville
Umschlagrückseite © Rudolf Linn
Autorenfoto © Getty Images / Scott Campbell / Kontributor
Gesetzt aus der Ten Oldstyle
Satz Wilhelm Vornehm, München
Druck und Bindung GGP Media GmbH, Pößneck
ISBN 978-3-462-05213-8